安子 / 著

妈妈急需的心理"婴语"书

清华大学出版社

北京

内 容 简 介

肢体语言是人类心理需求的外在表现。在婴幼儿时期,宝宝通过哭喊、微笑、动作、姿势、表情等肢体语言表达自己的心理和生理需求。因此,宝宝的肢体语言在和爸爸妈妈的交流沟通中起着十分重要的作用。如果你懂儿童心理学,如果你了解婴儿的内心需求和心理发育规律,就很容易发现在宝宝的肢体语言中,包含着大量的信息。本书通过漫画 + 心理的切入点,帮助爸爸妈妈洞悉婴儿的心理需求,在日常生活中学会留心宝宝的肢体语言,读懂宝宝的"婴语",这样才能更好地和宝宝进行交流、沟通,做了解宝宝、理解宝宝意的好妈妈、好爸爸。

图书在版编目(CIP)数据

妈妈急需的心理"婴语"书: 科学养育0-2岁宝宝/安子著. —北京: 清华大学出版社,2017

ISBN 978-7-302-47261-2

Ⅰ.①妈… Ⅱ.①安… Ⅲ.①婴幼儿—家庭教育②儿

童心理学 Ⅳ.① G781 ② B844.1

中国版本图书馆 CIP 数据核字 (2017) 第 125967 号

责任编辑: 周 华
封面设计: 安帛图文
责任校对: 王荣静
责任印制: 宋 林

出版发行: 清华大学出版社
　　　　　　网　　址: http://www.tup.com.cn,http://www.wqbook.com
　　　　　　地　　址: 北京清华大学学研大厦 A 座　　　邮　　编: 100084
　　　　　　社 总 机: 010-62770175　　　　　　　　　邮　　购: 010-62786544
　　　　　　投稿与读者服务: 010-62776969,c-service@tup.tsinghua.edu.cn
　　　　　　质量反馈: 010-62772015,zhiliang@tup.tsinghua.edu.cn
印 装 者: 三河市铭诚印务有限公司
经　　销: 全国新华书店
开　　本: 148mm×210mm　　　**印　张:** 7.625　　　**字　数:** 178 千字
版　　次: 2017 年 9 月第 1 版　　　**印　次:** 2017 年 9 月第 1 次印刷
定　　价: 32.00 元

产品编号: 073595-01

Foreword

前　言

　　每个孩子，从出生的那一刻起，就开始建立自己的语言系统，开始自己的心理成长。新妈妈们面对不会说话、不会表达的宝宝，难免会手足无措。不能说话、不能书写的宝宝究竟为什么会哭个不停？究竟为什么会手舞足蹈？究竟为什么会左顾右盼？新妈妈们以前积累的种种与人交流的经验，洞察人心的心理揣测，对宝宝统统不管用，新妈妈能做的，就是从头开始，学习听懂宝宝的"婴语"，解读宝宝的心理需求。

　　不满周岁的宝宝虽然不会说话，却也有自己的语言体系和心理需求，他们用肢体语言表达自己。宝宝的瘪嘴、噘嘴、红脸和啼哭，都是他们独有的内心表达。宝宝一般要到一岁左右才开始发声，学习说话，在此之前，爸爸妈妈要想和宝宝交流，了解宝宝的心理，就必须熟悉宝宝的肢体语言。

　　周岁之后，宝宝的肢体语言依旧很重要，它不仅能够表达宝宝的真实情感，还能够让父母们

Foreword

更深入、更确切地了解宝宝的身体状况和情绪状况。因此，学习儿童心理学，了解宝宝的肢体语言，对于爸爸妈妈们来说尤为重要。

肢体语言是人类心理需求的外在表现。在婴幼儿时期，宝宝通过哭喊、微笑、动作、姿势、表情等肢体语言表达自己的心理和生理需求，因此，宝宝的肢体语言在和爸爸妈妈的交流沟通中起着十分重要的作用。如果你懂儿童心理学，如果你了解婴儿的内心需求和心理发育规律，就很容易发现，宝宝的肢体语言包含着大量的信息。

本书以漫画和心理为切入点，通过超 Q、超萌、超有趣的婴儿漫画，帮助爸爸妈妈洞悉婴儿的心理需求，在日常生活中学会留心宝宝的肢体语言，读懂宝宝的"婴语"，这样才能更好地和宝宝进行交流、沟通，做了解宝宝、理解宝宝心意的好妈妈、好爸爸。

目录
Contents

62 / 第二章
宝宝的"睡眠语言"不撒谎

104 / 第三章
听得懂宝宝的语言，才是读懂了宝宝的心理

136 / 第四章
哭式交流——听哭泣的宝宝
"说心里话"

184 / 第五章

感知交流，用妈妈的身体感知宝宝的心理

—第一章—

解读宝宝的肢体语言与心理需求

全球"婴语专家"与"超级育婴师"特蕾西·霍格说过:"养育孩子是父母毕生的使命——比我们所接受的任何一项任务都更加认真严肃。作为父母,我们的责任是指引和塑造另外一个人的成长,没有比这更伟大、更高尚的事情了。"

在养育孩子的最初几年,安子发现,小宝宝不会说话,要想理解宝宝为什么哭,为什么笑,为什么发愣,为什么哼哼,为什么皱紧小脸……并不是一件容易的事情。养育不会说话的宝宝,并不是宝宝一哼哼就喂奶,宝宝一哭就把尿,小宝宝发出的每一个信号,都有他自己独特的含义。只有学会"婴语",才能与宝宝更好地交流,而更多、更好的交流,才能促进宝宝更快、更健康地发育成长。

不要以为读懂"婴语"很容易,宝宝们的内心世界很神秘;也不要以为读懂"婴语"很枯燥,宝宝们的内心世界极其丰富。

好,现在就和安子一起来学习妈妈急需的心理"婴语"吧!

第一节　半岁以下宝宝的肢体语言

　　肢体语言是人类外在表现的一部分。最初，宝宝的肢体语言并不是有意识的，他们也不能对这些肢体语言进行自主控制。随着宝宝一天天长大，他们逐渐学会用肢体语言来表达自己的需要，向爸爸妈妈传递各种各样的信息。通过宝宝的肢体语言，爸爸妈妈们可以看到宝宝在身体、情感和认知等各方面的成长，同时也能更好地和宝宝进行情感交流。

　　正因为这个时期的宝宝不能用语言来表达对周围世界的认知和感受，成年人往往会低估宝宝的表达能力。如果仔细观察，就会发现，宝宝的肢体语言包含着大量的信息。

一、宝宝为什么爱吮指（趾）头

　　如果家里有一个不到半岁的宝宝，那么爸爸妈妈就很难有安静的时间了，偶尔感觉宝宝安安静静的时候，就会发现，宝宝不是在熟睡，就是在吃手指，甚至有的时候，宝宝会把小脚丫翘起来，把

小脚趾放在嘴巴里面吮吸。

虽然宝宝一脸满足的表情，但是爸爸妈妈还是免不了产生种种担心：宝宝到底为什么会吮吸指（趾）头呢？这种行为有没有害处？有什么害处呢？下面就为大家揭开谜底。

宝宝并不是无缘无故就会吮吸指（趾）头，这是有原因的：

1. 宝宝的本能

寻找食物是所有动物的本能。宝宝在刚刚出生的时候，眼睛还没有睁开，就开始蠕动着小嘴寻找母亲的乳房了。宝宝的小嘴接触到母亲的乳房之后，不用任何人指导，就可以顺利地把乳汁吸进嘴里。所以吮吸不仅仅是一种进食动作，更是一种本能。如果妈妈不能满足宝宝吮吸的需要，那宝宝只有通过其他途径来满足自己的吮吸愿望了。

2. 寻求安全感

吮吸指（趾）头体现了宝宝安全感的缺乏，宝宝把小手或者小脚丫放进嘴巴里的时候，由于身体的体积缩小了，身体能感到更加的温暖和安全；而且宝宝在吮吸指（趾）头的时候，等于是用手或脚护住了胸部，这更是下意识的自我保护动作，不仅仅是宝宝，很多儿童，甚至还有不少的成年人，在紧张或者感到孤单、恐惧的时候，也会不由自主地吮吸手指。

那么，当宝宝"吧嗒吧嗒"开心地吃手指的时候，妈妈应该怎样应对呢？

1. 新妈妈要坚持母乳喂养

很多新妈妈或者忙于工作，或者担心破坏身材，都不愿意进行母乳喂养。但是，在这个食品问题层出不穷的年代，你忍心把一袋袋质量没有保证的奶粉喂进宝宝的嘴里吗？

除了安全问题，母乳，尤其是初乳的营养，更是奶粉无可比拟的。更为重要的是，母乳喂养的时候，母亲的怀抱可以给婴儿子宫般的归宿感；母亲的抚摸能够给婴儿带来皮肤上的舒适感，母亲的乳头可以给孩子带来奶嘴所不能给予的安全感和满足感。

2. 用正确的姿势哺乳

正确的哺乳姿势不仅仅能够让妈妈轻松地喂奶，更能够让宝宝舒心地吃奶。

哺乳的时候，妈妈可以躺着也可以坐着，并没有一定的规矩，只要身体感觉舒服、放松即可。

在舒服、放松的状态下，妈妈应该托起宝宝的小屁股，使宝宝的鼻子对着妈妈的乳头，下巴贴在妈妈的乳房上。喂奶的时候，妈妈应该先用手支撑住整个乳房，使乳头竖立起来，先挤出少许的乳汁，当乳晕变软之后，用乳头摩擦宝宝的嘴唇，宝宝会在乳头的摩擦之下，自然地张开嘴巴，这时候就可以趁机把乳头和乳晕送进宝宝嘴里。值得注意的是，喂奶的时候，一定要让宝宝含住乳头和乳晕，如果单单让宝宝含住乳头，不但容易咬伤妈妈，而且也不能让宝宝顺利地吃奶，更不能满足宝宝对于吮吸的需求。

不同的宝宝在吃奶的时候反应不同，很多宝宝在吃饱之后，就会主动吐出乳头，然后把头转向一边，这时候就可以停止喂奶了。但是也有很少一部分的宝宝只要妈妈喂，就会一直吃，这就要求新妈妈们在喂奶的时候一定要认真地观察孩子的表情和反应，看看孩子是在急切地吃奶，还是吃饱了之后心满意足的表情，还是一脸不耐烦的表情。一旦孩子的脸上出现痛苦的表情，就要停止喂奶。

3. 改掉不良的睡眠习惯

大多数婴儿一天要睡十几个钟头，但并不是所有婴儿都喜欢整天睡觉，如果在宝宝并不困倦的时候，就把他放到床上，而且爸爸妈妈也都不在床边陪伴，宝宝肯定会感到无聊。无聊了会干什么呢？吃手指吧，或者挑战一下自己，增加一些难度，啃小脚丫！实在没得玩儿了，他们就会把被子揪起一个角来含着，所以，作为新妈妈，要认真观察宝宝的表情。很多宝宝在准备睡觉之前，常常会像金鱼一样张开小嘴，打几个哈欠，也有一些宝宝会表现出不耐烦的样子。妈妈们一定要注意观察宝宝们的表情和行为，不要总以没时间、没精力作为借口，把毫无睡意的宝宝扔在床上，使宝宝因为无聊养成吮手指、啃脚丫、咬被子的习惯。

如果妈妈已经把宝宝放在床上，而宝宝的眼睛还炯炯有神，四处乱看，妈妈们就要提高警惕了。如果不希望宝宝啃指（趾）头，就给宝宝的小嘴找个安慰。当宝宝无聊地躺在床上的时候，可以是一根磨牙棒，也可以是奶嘴，但无论是奶嘴还是磨牙棒都要注意清洁，并且要在保质期内使用。最好的办法是给宝宝讲一个小故事，或者唱一首轻松活泼的儿歌，使宝宝平静愉快地入睡。

4. 改善单调的环境

针对这种情况，爸爸妈妈就要尽量把宝宝的小床以及房间布置得漂亮一点，可以在房间里张贴漂亮的图画，挂上可爱的玩具，也可以在宝宝的小床周围挂上一些漂亮的小饰物。但是要注意玩具的安全和卫生，避免有毒玩具危害宝宝的健康，更要避免宝宝将玩具上的珠子或者纽扣吞进肚子里面。玩具不要有尖利的边缘，以免划伤宝宝稚嫩的皮肤。

5. 减轻宝宝内心的焦虑和不安

"几个月之前，我还在妈妈温暖黑暗的子宫里睡大觉，来到这个世界之后，一切都变了，我要面对无数新鲜的人和奇怪的事……"

半岁以下的宝宝，往往对这个世界既好奇又惊恐，为了安抚自己那颗颤抖的小心脏，他必须找到一个使自己身体和情绪安静下来的方法，最简单的方法就是吮吸自己的指（趾）头。

当宝宝一边吮吸手指，一边用好奇又略带惊恐的眼神打量这个世界的时候，妈妈应该把宝宝抱在怀里，轻轻抚摸宝宝的后背，并轻声细语地和宝宝说话，虽然宝宝听不懂妈妈在说什么，但照样能感受到亲切和愉快。

贴心指导：

如何让半岁以下的宝宝学会肢体语言

半岁以下的宝宝，还不会用语言表达自己的想法，但是已经可以用肢体语言来表达自己的感受了，如饥饿、焦躁、无聊、恐惧等。因此，肢体语言就成了宝宝和父母沟通的桥梁，父母不但要通过宝宝的肢体语言来发现其所要表达的信息，更要引导宝宝学会如何使用肢体语言表达自己的需求。通过以下几种方法，可以让宝宝很快学会简单的肢体语言。

（1）半岁以下的宝宝对什么都很好奇，尤其面对镜子的时候，他们的目光会追随镜子的移动而移动。妈妈可以抱着宝宝在镜子前做一些动作，如轻轻地把宝宝的小手举起来，先摸摸嘴巴，再摸摸鼻子。开始的时候宝宝也许觉得很奇怪，几次之后宝宝就会对镜子中的小人儿感兴趣，也会去模仿这些动作。

（2）半岁以下的宝宝已经会用一只手抓住自己想要的玩具了，

当一只手拿着一块积木时，你再给他另一块，他会用另一只手去拿，如果你手中还有其他东西，他本来就在滴溜乱转的眼睛，就会定格在第三块上。而且宝宝为了展示自己的能力经常会故意把自己手中的东西扔到地上，捡起来再扔，然后再捡，不厌其烦地重复好多次。这个时候，更需要引导宝宝学习肢体语言，教育他们应该如何展示自己的能力。

二、宝宝爱哭是因为孤独吗

家里如果有一个不到 6 个月的宝宝，妈妈就往往会面对这样的情形：宝宝哭了，是饿了吗，可是喂奶又不吃；是尿湿了吗，可是纸尿裤还是干干的。再检查其他地方，没有任何异常，可是宝宝为什么要哭啊？

这是因为半岁以下的宝宝，随着月龄的增长，大脑皮层的发育也日臻完善，这时候，他们的啼哭或许不是因为饥饿，也不是因为身体不舒服，而是因为周围没有人。宝宝希望通过啼哭的方式来告诉妈妈他很孤独、很害怕，希望有人来陪伴自己，这时候只要妈妈轻轻抱一抱宝宝，宝宝就会停止哭啼。

1. 妈妈欠我一个拥抱

宝宝天生就对父母具有强烈的依赖感，尤其是半岁以下的宝宝更需要父母的陪伴。当宝宝一觉醒来，发现"这里的黎明静悄悄"，转转脑袋，这里看看，那里看看，人呢？"爸爸呢？妈妈呢？怎么都不见啦，爸爸，妈妈，你们在哪里啊？哇……"这不，宝宝就哭了。

所有的宝宝都喜欢被人关注、被人呵护，在他们感觉不到被关注和被呵护的时候，就会产生失落感，在失落感情刺激之下就开始小声地哼哼唧唧、抽抽搭搭。因为这个时候宝宝的内心特别没有安全感，出于保护自己的目的，不会发出太大的声音；等到父母闻声而来的时候，不但不会停止哭泣，反而会哭得更加响亮。

前面已经说了，母亲的怀抱对宝宝而言，就像子宫一样温暖、安全，有不可替代的镇静和抚慰作用。母亲的体温和心跳声都能给宝宝带来安全感。对于宝宝的哭闹，父母应该让宝宝靠在妈妈的胸前，听听妈妈的心跳和呼吸，闻闻妈妈的味道，宝宝就能渐渐镇定下来。如果妈妈可以轻轻地亲亲宝宝，并且用温柔的语调和宝宝说话，就可以让宝宝更快地镇定下来。

2. 我哭泣因为我寂寞

宝宝不会说话，但有时也会感到寂寞，需要亲人，尤其是母亲的爱抚。

（1）出生后，宝宝会感到寂寞和恐惧

出生前宝宝躺在母亲的子宫里，每时每刻都会受到羊水和子宫壁的轻抚。出生之后，父母由于不能时刻陪伴宝宝，宝宝自然会感觉寂寞和恐惧，当宝宝的寂寞无处排遣的时候就会以哭泣发泄。这

种哭声一般是在无声无息中开始的，而且声音较低，先是几声缓慢而悠长的哭声，这只是给父母一个提醒，如果父母不予理睬，就会"正式"哇哇大哭了。这时候父母的陪伴就是对宝宝莫大的安慰。为了避免宝宝由于寂寞而哭闹，父母应该注重和宝宝的交流，例如，经常和宝宝谈心，做一些简单的游戏，或者和宝宝一起玩一些安全柔软的玩具，消除寂寞给宝宝带来的负面影响。

（2）宝宝睡觉的时间逐渐减少

出生后的第三周开始，宝宝在白天睡觉的时间越来越短，所以除了让宝宝吃好睡好，给宝宝精神交流上的满足也应该提上日程。爸爸妈妈往往会放任宝宝，让宝宝自己玩耍，但是半岁以下的宝宝只能在很短的一段时间内维持自己的注意力。

3. 如何让宝宝感受到父母的关注

当宝宝厌烦了独自玩耍，而且得不到父母的关注而放声大哭的时候，父母应该在听到哭声之后，立即来到宝宝的身边，用手轻轻抚摸宝宝的脸蛋，拍拍宝宝的身体，同时要对宝宝亲切地微笑，用温柔的声音跟宝宝说话，等到宝宝平静下来之后，再陪着宝宝一起玩耍。如果用尽一切办法之后，宝宝还是哭，那就把宝宝抱起来，边走边轻晃宝宝，渐渐地宝宝就可以安静下来了。但要注意的是，千万不要抱太久，等宝宝安静下来，就可以把他放在小床上，等他睡着之后就可以离开了。

贴心指导：

引导宝宝学会肢体语言

（1）宝宝绝大多数的肢体语言来自日常生活中的模仿，所以爸爸妈妈可以在日常生活中，有意识地强化某些动作，培养宝宝对于肢体语言的认识。

例如，抱着宝宝出去玩的时候，可以向孩子伸出手臂，并且鼓励宝宝模仿这个动作，久而久之，宝宝就会用张开手臂来表示需要抱抱了。

（2）爸爸妈妈可以引导宝宝学会一些面部表情，促进宝宝用表情表达需要的能力。爸爸妈妈可以把宝宝抱起来，在宝宝面前做眨眼、吐舌头等动作，引导宝宝模仿这些动作。

（3）宝宝啼哭的时候，妈妈可以发出同样的声音，宝宝就会因为好奇而停止哭闹，看着妈妈，这样反复多次，宝宝就会意识到自己的哭闹是可以由自己控制的，并且能够逐渐学会控制自己的哭闹。

三、宝宝的轻度疼痛用表情表达，中度疼痛用哭声诉说

由于宝宝的皮肤很薄，而且宝宝的身体和骨骼尚未发育完全，一些在我们成年人看起来微不足道的碰撞或者接触，很有可能造成

婴儿的疼痛。由于半岁以下的宝宝根本没有自理能力，所以宝宝们在感受到轻微疼痛的时候，只会用表情来表达自己的痛苦。

宝宝的轻度疼痛用表情表达

对于半岁以下的宝宝，任何微不足道的伤害对他们来说，都有可能意味着疼痛的发生。例如，当宝宝们的脚趾被衣服的细线绕住的时候；当妈妈的戒指硌到宝宝身体的时候；当爸爸的胡子扎到宝宝的脸蛋或脖子的时候；当妈妈薄薄的指甲不小心划过宝宝细嫩的皮肤的时候，甚至当没有铺平的床单硌到宝宝的小屁股的时候，都会让宝宝感到疼痛。但是，以上这些疼痛都是在宝宝的容忍范围之内的，这时候宝宝一般会用很特别的表情来表达他们的不舒服。

由于宝宝们的皮肤白皙细嫩，所以只要有一点疼痛，宝宝们的皮肤就会变红。如果妈妈们不加处理，让孩子们继续忍受疼痛，宝宝就会做出一些很特别的表情和动作，比如皱眉、噘嘴、握拳头，有时候还会用小脚丫乱蹬，就好像在说：妈妈我好难受啊，您怎么不理我啊？

宝宝的中度疼痛用哭声诉说

当轻微疼痛升级为中度疼痛的时候，很多宝宝会用哭泣表达自己的痛苦。个别的宝宝可以忍受疼痛，不吭声，还有不少宝宝会以抽抽搭搭的哭泣表示抗议。但是，当遇到突然而剧烈的疼痛，比如打针的时候，绝大多数宝宝会用大哭来告诉爸爸妈妈他们感到疼了。

打针的过程中，最疼痛的时刻就是针头刺进宝宝皮肤的一瞬间，医生这个轻微的动作，可以引起大多数宝宝"惊天地、泣鬼神"的哭喊。

除了注射、针灸之外，有时候肠胃问题，比如胀肚子、便秘或者拉肚子也会引起宝宝的哭闹。

不要忽略宝宝的疼痛

虽然已经证实，人类在半岁之前，不会形成深刻的记忆，但是记不住并不等于没影响，这些影响都会变成潜意识，根深蒂固地存在于宝宝的脑海之中，影响宝宝的一生。如果宝宝从小经历了过多的疼痛，即使是最轻微的疼痛，且父母忽略了宝宝的感受，宝宝很可能会形成一个观念，即"伤害和疼痛随时可能发生"。这种观念在宝宝今后的成长中，会给他带来极大的不安全感，使他总是以恐惧、怀疑的态度来对待周围的人或事。

然而，如果宝宝对于任何疼痛都没有反应，那么爸爸妈妈就要提高警惕，及时带宝宝去医院检查。

正确应对宝宝的疼痛

父母应该时刻注意宝宝表情和皮肤颜色的变化，一旦发现宝宝有疼痛的迹象，就应该赶紧寻找导致疼痛的原因。一般来说，人感到疼痛的时候，会不由自主地用手捂住疼痛的部位，宝宝也不例外，会把手伸向疼痛的部位。当为宝宝解决疼痛的问题之后，父母还要对宝宝进行一番安慰，可以用轻柔的话语慰藉宝宝，也可以用手轻轻地抱抱、拍拍宝宝，来消除疼痛在宝宝内心投下的阴影。

贴心指导：

创造环境让宝宝学习肢体语言

（1）在引导宝宝学习肢体语言之前，先要创造一个温馨的环境，让宝宝有安全感，这样才能顺利正确地学习肢体语言。

（2）纠正宝宝错误的肢体语言。部分宝宝有喜欢咬东西、拔人头发、揪人耳朵的行为，面对这些行为，爸爸妈妈应该体谅宝宝的情绪，在找到原因之后，再一步步地引导宝宝学会正确的肢体语言。

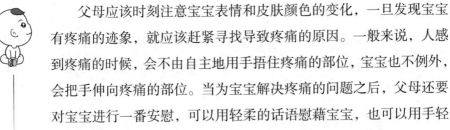

四、竖着抱，站直了，就不哭了

宝宝哭泣的时候，妈妈们总是习惯性地把宝宝横着抱在怀里，让宝宝感受到妈妈的体温和心跳。虽然妈妈柔软而温暖的怀抱可以让宝宝安心，但是有的时候，宝宝却仍在妈妈的怀里不停地哭泣。妈妈绞尽脑汁，也无法找到宝宝哭泣的原因。

为什么把宝宝竖着抱，宝宝就不哭了？

很多妈妈在无意中，用力把宝宝柔软的脖子竖起来，结果宝宝竟然不哭了！

其实这种现象很好解释，如果人甘心永远趴着或者躺着，那么还有直立行走的必要吗？

随着宝宝月龄的增加，宝宝对外界的关注度也一天天地提高，当宝宝的好奇心得不到满足的时候，就会哇哇大哭。当妈妈把宝宝竖着抱起来的时候，等于把宝宝放在了一个很高的地方，让宝宝视野更加开阔，而且随着脖子的转动，宝宝可以看到更多角度的风景。这个时候，宝宝就会被很多新鲜的东西所吸引而停止哭泣。

宝宝为什么要学习肢体语言？

肢体语言是人内心最真实意思的反映，由于半岁以下的宝宝，还没学会说话，所以肢体语言就成了宝宝与爸爸妈妈唯一的沟通方式。

那么，宝宝是如何学会肢体语言的呢？

（1）他人刻意的引导

爸爸妈妈或者较大的孩子，常常会对着宝宝做出一些有趣的动作，而且往往会配合语言的引导，例如边拍手边说："鼓掌！鼓掌！"或者边摇晃着宝宝的身体边说："跳舞！跳舞！"

（2）父母的榜样作用

模仿是人类的本能。曾经有位父亲，下班之后常常一脸不满地挑剔饭菜，家里的宝宝在吃奶的时候，也是无精打采，一脸的挑剔。父母是孩子最亲近的人，也是给孩子影响最大的人，所以父母一定要注意自己的言行，好的榜样不仅可以引导孩子学会正确的肢体语言，更能影响孩子的一生。

五、读懂宝宝的"鬼脸"

随着一天天的成长，宝宝们的表情也逐渐丰富起来，妈妈们会

发现，不知道从什么时候起，宝宝们开始做鬼脸了：噘嘴、瞪眼、咧嘴、微笑、横眉……宝宝为什么要做鬼脸呢？

其实，半岁以前的宝宝，所有的鬼脸，基本上都是生理反应的表现，属于条件反射，如果妈妈们能够很好地解读这些鬼脸，就能够更好地照顾宝宝，对即将发生的“状况”，提前做好准备。

那么，宝宝的这些鬼脸都有什么含义呢？

1. 皱眉瘪嘴

皱眉瘪嘴是宝宝啼哭的预备动作，做出这个表情之后，宝宝一般很快就会大哭。当发现宝宝做出这个表情之后，爸爸妈妈一定要想想，宝宝是渴了，还是饿了？是需要换个姿势躺着，还是要让妈妈带出去玩玩儿？

2. 眯眼微笑

宝宝刚出生的时候，就会微笑，这既是婴儿本能的动作，也是因为身体舒服而露出的表情。

宝宝出生 2 个月之后，就开始对爸爸妈妈的爱抚、逗乐做出反应，抿嘴微笑就是宝宝最常见的表情之一。

宝宝的微笑常常是突发性的，往往在爸爸妈妈的不经意之间，宝宝就会扬起嘴角，露出笑容，而且还会眯着眼睛，晃动两只小手。如果爸爸妈妈能在宝宝微笑的时候，轻轻抚摩宝宝的脸颊，或者亲亲宝宝的小脸蛋，宝宝的笑容就可以持续下去。

宝宝在微笑的时候，能让更多的氧气进入身体和大脑之中。所以，常常微笑不仅有利于宝宝的身体健康，更有利于宝宝智力的发展。

3. 宝宝为什么要噘嘴和咬唇？

宝宝在 3 个月的时候，开始出现噘嘴和咬唇的现象，而且往往是男孩儿喜欢噘嘴，女孩儿喜欢咬唇，这是为什么呢？

其实很简单，这就是宝宝需要小便的表情，如果妈妈不采取措施，那宝宝只能尿裤子了。

4. 妈妈，我要便便了

如果宝宝额头的青筋暴凸，脸红发呆，等于告诉妈妈，我要便便了！

5. 让我自己玩个够

躺在床上的宝宝，常常会自己伸舌头，用口水吹泡泡，这其实只是宝宝在自娱自乐。妈妈可以放开胆子，不去打断，让宝宝自己玩个够。频繁地打断宝宝的自娱自乐，反而容易让宝宝对妈妈产生更强的依赖，不利于宝宝的成长。

6. 妈妈，我生病了

宝宝的眼睛应该是黑白分明、亮晶晶、滴溜乱转的，如果宝宝的目光呆滞散乱、眼睛发灰，这说明宝宝生病了。

贴心指导：

细节决定成败，新手爸妈如何教导宝宝通过肢体语言表达自己的需求

新手爸妈在教导宝宝学习肢体语言的时候，如果可以在以下几点加以注意，就可以起到事半功倍的效果：

（1）提供更多的好榜样

一些面容慈祥、动作优雅的人的照片，可以作为宝宝学习肢体语言最好的示范和榜样。

（2）避免树立坏榜样

孩子就是大人的一面镜子。当大人在孩子面前做努嘴、眨眼、吐口水的动作时，孩子很快也会学着做。父母在宝宝面前的时候，一定要注意表情的优雅和肢体语言的礼貌，避免宝宝学到不规范的肢体语言。

（3）及时鼓励和制止

当宝宝学会了某些肢体语言的时候，父母应该及时地给予适当的鼓励；当宝宝不小心模仿了一些不雅的肢体语言的时候，父母应该及时制止。

六、宝宝为什么喜欢打哈欠

打哈欠像呼吸、心跳一样是人类的本能反应。打哈欠可以让更多的氧气进入人的大脑，同时排出人体内的二氧化碳，从而起到保护脑细胞的作用。初生婴儿打哈欠既是身体上的一种调节，同时也是衡量身体发育状况的一项重要指标。

宝宝打哈欠的原因

宝宝在打哈欠的时候，脑子里面一片空白，眼睛是闭着的，同时由于嘴巴张开，耳朵也不能听见声音，这个时候，宝宝全身的肌肉和神经都可以得到很好的放松。

凡事都有两面性。满月之后的宝宝如果经常打哈欠，往往是由于两个原因：卧室里面缺乏氧气或者是宝宝要感冒了。

不过半岁之前的宝宝，由于具备了从母乳中得到的很强的免疫力，这个时期的宝宝感冒的可能性不大。所以，宝宝频繁打哈欠只能有一个原因，就是宝宝缺氧气了。

这个时候，妈妈应该先检查宝宝的衣服是否过紧，并且改善屋子的空气流通状况，如果宝宝还是哈欠连连，那妈妈就要检查屋子里面是否有大量消耗氧气的东西了，如大型的绿植、盆花或者需要换气的鱼缸。这些东西都会跟人争夺氧气，导致宝宝哈欠连天。

起床模仿秀——让宝宝在模仿中学会肢体语言

刚刚睡醒的时候是宝宝心情最好的时候，也是宝宝接受能力最强的时候，妈妈们可以利用这个时机做一些表情或者动作让宝宝学习。

第二节 半岁到一岁的宝宝，肢体语言更丰富

随着身体的发育，半岁到一岁的宝宝，精神和感情也开始渐渐完善，相应的，肢体语言也就更加的丰富。面对宝宝越来越敏感的感情和越来越丰富的肢体语言，爸爸妈妈应该怎么做呢？

一、不能对宝宝的肢体语言漠不关心

6个月以上的宝宝，不但身体的模仿能力和协调能力有了很大的发展，而且宝宝的精神和感情也变得更加敏感。如果爸爸妈妈对宝宝的肢体语言漠不关心，不予回应，就会给宝宝深深的挫败感，久之宝宝会变得不愿学习，不愿意与爸爸妈妈交流。反之，如果爸爸妈妈积极回应宝宝的肢体语言，就能够促使宝宝更多、更快地学会如何表达自己。

那么，面对宝宝的各种肢体语言，爸爸妈妈应该怎样回应呢？

1. 妈妈，抱抱我

如果宝宝冲着爸爸妈妈张开双臂，就是在向妈妈说：妈妈，抱抱我！

这时候，妈妈应该把宝宝抱进怀里。但是，如果妈妈双手都拿着东西，或者双手不干净，不能接触宝宝，则可以用脸贴贴宝宝的脸蛋儿，或者亲亲宝宝，千万不要因为不方便接触宝宝而不给予宝宝任何的回应。

2. 我还生气呢

当爸爸妈妈深情地凝视宝宝，或者拥抱宝宝的时候，宝宝常常会将小脑袋扭向一侧，甚至将后脑勺对准爸爸妈妈。这是因为此前受到过爸爸妈妈的冷落，宝宝"记仇"。

遇到这种情况，爸爸妈妈一定不要因为宝宝的拒绝而生气离开，可以轻声细语地和宝宝说话；也可以抱着宝宝轻轻地拍打，或者边走边慢慢晃动宝宝的身体；或者用玩具、图画等新奇的东西来吸引宝宝的注意力。只要多跟宝宝接触一下，他就不会拒绝爸爸妈妈了。

3. 我高兴所以我鼓掌

宝宝在七八个月的时候，就已经学会在高兴的时候拍手了。这个时候，妈妈可以教宝宝学会一些技能，比如在接受其他叔叔阿姨赠送的玩具、糖果的时候，用拍手表示感谢，做个懂礼貌的乖宝宝。

4. 妈妈，我要那个

宝宝在 9 到 10 个月的时候，已经学会用手指指引爸爸妈妈的视线了，这时候爸爸妈妈就可以趁机引导宝宝辨识东西，同时帮宝宝建立自己的语言体系。例如，当宝宝指着水杯，表示要喝水的时候，妈妈可以反复地对宝宝说"水""水"，渐渐地宝宝就会说"水"这个字了。同时，妈妈们还可以利用宝宝的这种表达，来了解宝宝的需求，比如宝宝指着奶粉罐子，就表示宝宝饿了；宝宝指着奶奶，就表示想要奶奶来陪他玩；宝宝如果用小手指指头，则可能表示要大人给他戴帽子，带他出去玩。

5. 摇头——不要不要就不要！

很多宝宝，在妈妈喂自己吃不爱吃的东西，或者给自己不想要的玩具时，都会摇头，大多数还会伴随着哭喊。

这种情况下，妈妈就不要强迫宝宝了，即便是非吃不可的东西，比如药，妈妈也要在宝宝停止哭闹之后，换一种方式喂给宝宝，比如碾成药面，冲进奶粉里，如果硬是让哭喊中的宝宝吞咽，则有可能呛到宝宝。

贴心指导：

如何训练半岁到一岁的宝宝使用肢体语言

有学者认为，宝宝学习手语有助于其语言智力发展，但是也有心理学家表示怀疑。无论如何，手语在宝宝不会说话的时候，可以表达宝宝的喜好、厌恶和要求，能使父母与宝宝之间的交流更顺畅。因此，爸爸妈妈可以教宝宝做一些简单的手语来方便彼此间的沟通。在教宝宝手语时，应该就地取材，最好可以重复示范。

（1）宝宝要喝牛奶时，爸爸妈妈可以示范反复握紧、张开拳头，就像牧民挤奶的动作一样。

（2）宝宝摔倒时，教他用食指画出疼痛的区域，做疼痛表情。

（3）宝宝感到饥饿时，教他用食指触碰嘴巴。

（4）宝宝要换尿布时，教他轻拍自己的臀部。

在宝宝学会说话之前，要先学会用肢体语言表达自己的愿望和要求，而且相对明确含义的肢体语言，对于宝宝语言系统的建立，有着尤为重要的作用。

二、让宝宝学会独处，他就会更早地学会肢体语言

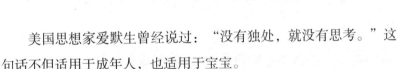

美国思想家爱默生曾经说过："没有独处，就没有思考。"这句话不但适用于成年人，也适用于宝宝。

半岁以下的宝宝，在面对新鲜事物时的注视，仅是对事物表面的学习，那时候，他脑子里浮现的只是简单的颜色和外形：这个东西是方形的还是三角形的？颜色是黑的还是白的？但半岁以后，宝宝的观察就会变得复杂起来，他已经开始在脑海里搭建"为什么"了。比如，我躺的这辆车为什么会动？为什么外面的景色那么漂亮？为什么这个玩具会发出声响？

心理学专家研究发现，成年人的耐心与幼儿时期的成长有很大关系。从小喜欢静心观察周围事物的孩子，长大之后会有比较好的

耐心，他们的脾气也会比一般人好。不要小看"好脾气"，"好脾气"会让孩子在青春期时少一些叛逆，也会让他们在成年后拥有更好的耐心。

宝宝思考的时候，爸爸妈妈要怎样做？

从宝宝学会认真观察事物的那一刻起，爸爸妈妈就应该留给他一个安静的空间。一旦爸爸妈妈发现宝宝对某个东西产生兴趣，就应该停止说话，不要再去打扰他，更不要在一旁自作聪明地提醒他。习惯了在安静环境中观察思考的宝宝，往往能拥有比同龄人更多的耐心，在长大之后，更能够专心致志地干好事情。

耐心细致地让宝宝学会肢体语言

宝宝在 6 到 12 个月的时候会喊第一声"爸爸""妈妈"，这时的宝宝正处于学习语言的初级阶段，仅仅掌握了三四个单词，还不能明确地传递他想要表达的所有的信息。宝宝一声哼哼，可能有十几种含义。只有配合肢体语言，宝宝的信息才能得到明确、充分的表达。

我们要根据宝宝的习惯和健康状况，细致耐心地教宝宝一些手势：先是两个，然后三个，再然后四个。可以用"睡觉"或"吃饭"等经常使用并易于理解的手势，反复地刺激宝宝。当这些简单常用的手势被宝宝掌握而且能够正确运用之后，再教授其他手势时，只要抓住合适的机会，在实践中引导宝宝学习和利用即可。但要注意的是，肢体语言的学习和应用都是需要时间的，要循序渐进地对宝宝进行教导，爸爸妈妈千万不要以为能够在一两天之内就能和宝宝用肢体语言顺畅对话！

三、用玩具引导宝宝学习肢体语言

　　眼睛被人们称为心灵的窗户，是人最重要的感觉器官；双手则是人类生存的最主要的器官。只有双手和眼睛协调合作，人类才能在自然界很好地生存。因此训练宝宝的眼睛和双手的协调能力，也就成了新妈妈们最重要的任务之一。

让宝宝有一双灵活明亮的眼睛

　　在日常生活中，如果目光呆滞、眼大无神，那么再漂亮的宝宝也不会让人感觉可爱，那么怎样才能让宝宝有一双明亮灵活的眼睛呢？

　　戏剧大师梅兰芳小的时候，眼皮下垂，目光呆滞，后来他每天两眼紧紧地盯着放飞的鸽子，经过一段时间的锻炼之后，他的眼睛变得炯炯有神，活力四射。无独有偶，孙悟空的扮演者六小龄童也是高度近视外加散光，后来他每天都看日出、看飞来飞去的乒乓球，最终练成了"火眼金睛"。

　　诚然，对于不足一岁的宝宝无须用这种有点残酷的方式进行训练，但是，前人的事例却证明了一个颠扑不破的真理，那就是：多看看活动的东西，眼神可以变得灵活起来。

为了让宝宝有一双灵动的眼睛，爸爸妈妈可以在宝宝的小床周围挂上一圈可以活动的玩具。这样有两个好处：一是活动的玩具可以让宝宝的眼神变得更加灵活；二是活动的玩具比静止的玩具更能吸引宝宝的注意，不会让宝宝感觉厌烦和枯燥。

让宝宝有一双灵活的手

宝宝在半岁之后，就能够判断物体的形状和大小了。这个时候的宝宝特别喜欢抚摸东西，而且能够根据物体的形状和大小，用不同的方式来抓住物体。例如，宝宝会握住一截甘蔗、一块苹果，还可以拎住毛绒玩具的耳朵或尾巴，然后把玩具拎起来或者拖来拖去。

在这个时期，如果总是让宝宝没抓没挠的，宝宝就会双手乱晃，小脚乱蹬，一旦有什么东西靠近宝宝，不管是人还是物，宝宝都会一通乱抓。为了避免宝宝养成胡抓乱挠的坏习惯，爸爸妈妈应该满足宝宝对于抚摸的渴望，尽量给宝宝各种各样的玩具。

值得注意的是：大多数宝宝习惯用右手抓东西，但是少数宝宝习惯用左手，也就是我们通常说的左撇子。遇到这种情况的时候，爸爸妈妈应该顺应宝宝的习惯，千万不要强行纠正。

训练宝宝用眼睛控制身体的技能

宝宝在半岁到一岁的时候，手眼的协调能力会随着宝宝的成长而逐渐加强，这个时候就可以训练宝宝用眼睛来控制身体的技能了。

眼睛可以控制身体？可能很多妈妈看到这里会感觉十分惊讶。

仔细想一想，当我们看见一些令人恐惧的东西时，身体往往会变得僵硬，而当我们看见感兴趣的东西时，往往会不由自主地朝那个东西走过去。其实宝宝也一样。如果哪一天，宝宝看见了让他们害怕的人或者动物，会立刻把头扎进妈妈的怀里，有的时候还会用手捂住自己的脸。这个姿势其实在告诉妈妈："妈妈我很害怕，咱们赶紧走吧！"这个时候妈妈千万不要把宝宝的头强行扳过来，也不要认为宝宝生了什么病，而应该轻轻地安慰拍打宝宝。

如果想进一步加强宝宝的手眼协调能力，可以在观察宝宝的喜好之后，让宝宝主动去抓他喜欢的东西，而且最好在保证安全的情况下，把东西放置在不同的地点，每次让宝宝做一点努力，就可以抓得到，家长注意不要做太多的干涉。

贴心指导：

用游戏的方法让宝宝学会肢体语言

同成年人的学习一样，宝宝的肢体语言要靠宝宝自己来感悟和学习，强迫训练往往会适得其反。游戏就可以让宝宝在不知不觉中学会肢体语言。

宝宝在一岁左右的时候，特别喜欢和爸爸妈妈分享自己的玩具，尽管这对于爸爸妈妈来讲，是件很幼稚的事情，但是爸爸妈妈一定要兴致勃勃地陪宝宝玩耍。开始的时候，爸爸妈妈可以有意识地训练宝宝如何把玩具摆放整齐，然后就可以让宝宝模仿爸爸妈妈的做法，并且反复这个过程，这样的训练能使得宝宝的肢体语言得到有效的发展。

四、宝宝也会"举手投降"吗

在受到了突然惊吓的时候，如玩得正高兴，或听到了巨大的鞭炮声，宝宝会不由自主地举起双手，就好像举手投降一样，其实这种行为是幼儿天生的反应，当宝宝在妈妈的肚子里面的时候，就开始有这种反应了。每次宝宝举起双手的时候，其实是对爸爸妈妈说："爸爸妈妈我很害怕，快来抱我吧！"

当宝宝"举手投降"的时候，爸爸妈妈千万不能漠不关心，更不能对宝宝说："像什么样子，赶紧把手放下！"这样会让宝宝更加难过和恐惧。爸爸妈妈应该用温和的语气对宝宝说："宝宝不怕哦，没事的。"同时最好轻轻地拍打或者抚摩宝宝，给宝宝安慰。

不少老年人觉得，应该让宝宝在安宁、平和的环境中成长，最好不要受到任何惊吓。但是很多专家认为，如果希望宝宝做个勇敢、镇定的人，不妨给他们制造一点适度的、不伤害情感的惊愕。

贴心指导：

如何理解半岁到一岁宝宝的肢体语言

宝宝在开口说话之前，肢体语言就成了他唯一的表达工具。那么宝宝的各种肢体语言到底有什么含义呢？

（1）宝宝抓乱妈妈的头发

宝宝之所以会乱抓妈妈的头发，绝对不是因为宝宝淘气，而是因为宝宝想提醒妈妈："妈妈我害怕！"这个时候，妈妈千万不要生气，更不要强行把宝宝的小手扯开。这样不但可能会伤害宝宝幼嫩的手指，还会让宝宝在感情上受到很大的伤害。此时，妈妈应该牢固但温柔地抱住宝宝，或者用手轻柔地握住宝宝的手指，也可以让宝宝在妈妈的胸前摩擦几下，慢慢引导宝宝表示对拥抱和亲近的渴望。

（2）宝宝喜欢折腾妈妈

半岁到一岁的宝宝往往会把手指伸进妈妈的嘴巴，或者一把拽下妈妈的眼镜，想清楚地看看妈妈。妈妈身上五颜六色的饰品，更是宝宝最喜欢研究的东西，妈妈应该在保证宝宝安全的前提下，尽量满足宝宝的好奇心。

五、宝宝只对妈妈露出笑容

宝宝在出生几天之后，见人就笑。但是宝宝在半岁之后，只有

见到妈妈才会微笑，看到其他人，小脸立刻就绷了起来。有人认为这是宝宝性格的原因，其实不然。宝宝之所以只对妈妈露出笑脸，是因为半岁之后的宝宝，能够分辨出来谁是妈妈，谁是陌生人了。这个时期的宝宝对于外界已经有了警惕性，宝宝只对妈妈有完完全全的信任感。当宝宝看见其他人的时候，必然会产生一种畏惧，但当妈妈的面孔出现在宝宝面前的时候，宝宝就会有种"找到组织"的感觉，当然会露出笑容了。

贴心指导：

如何训练半岁到一岁的宝宝和妈妈交流?

半岁到一岁的宝宝虽然可以开口讲话，但是由于宝宝掌握的语言十分有限，所以这个时期，宝宝和妈妈沟通的主要方式仍然是肢体语言。如果妈妈可以看懂宝宝的"话"，并且能够给宝宝正确的回应，就是给了宝宝最大的鼓励。宝宝得到妈妈的鼓励，自然会越来越愿意和妈妈交流。而这种交流不但可以让妈妈理解宝宝的需要，更能促进宝宝的身心发展，促进宝宝形成健全的人格。

下面，就让我们看看宝宝如何表达自己的需要吧。

（1）9个半月到11个半月的时候，宝宝会把双臂举得高高的、直直的，同时还会用渴望的眼神看着妈妈，这是宝宝要告诉妈妈："妈妈我要出去玩，抱着我出去转转吧！"

（2）12个月左右时，如果妈妈冲宝宝说"拜拜"，宝宝会用眼睛盯着妈妈，冲妈妈挥手，这是宝宝在说"妈妈再见"。这段时间，若妈妈可以给宝宝播放一段节奏欢快的音乐，并且对着宝宝做出摇摇晃晃的样子，宝宝也会随着音乐，模仿妈妈的动作跳舞。

六、眼睛和嘴唇的表情动作表达了宝宝的恐惧情绪

宝宝在出生的时候，就有了恐惧的感觉。半岁之前的宝宝感到害怕时，会大哭大闹，用这种方式告诉父母："我害怕了。"但是随着宝宝的成长，宝宝表达恐惧的方式也越来越含蓄。在1岁左右的时候，宝宝就能够用表情准确地表达自己内心的恐惧了。比如，看着爸爸妈妈生气，可是宝宝又不知道自己哪里做错了，问又不敢问，看着爸爸妈妈，又不知道该怎么办的时候，可怜的宝宝往往会出现这样一种表情：脸部僵硬，嘴唇抿着，鼻子和眉毛微微皱起来，同时还会微微眯着双眼。这种表情就表示宝宝在害怕。

1岁左右的宝宝太幼小了，对他而言，这个世界太大了，也太复杂了。很多东西，对于父母来说，算不得什么，但是却让宝宝感到恐惧。比如家人的大声吵架、动物的大声嚎叫，都会让宝宝不知所措。因为宝宝并不知道如何应对各种情况。

随着宝宝的成长，他惧怕的东西也会不断发生变化。传统做法认为，作为父母，应该让宝宝尽量少受到惊吓。但是，宝宝在成长过程中，总会遇到恐惧和不安的情况，只有和恐惧接触之后，宝宝才会知道如何应对恐惧，从而克服恐惧。例如，宝宝和爸爸妈妈去

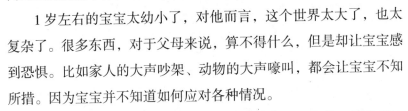

动物园游玩，当看见巨大、凶猛的河马的时候，很多宝宝会流露出恐惧的眼神，但是因为爸爸妈妈就在身边，所以宝宝常可以克服恐惧，勇敢地向前走。

作为一个合格的妈妈，应当有意识地帮助宝宝勇敢地克服恐惧心理，可以试着做一些让宝宝感到害怕的事。比如说宝宝害怕小狗，可以逐步让他接触小狗，慢慢消除惧怕心理；宝宝惧怕黑暗，可以先让他在黑暗的空间里待上一会儿，当然要在宝宝接受的范围之内，然后妈妈给他一个大大的拥抱，并一起陪他度过剩下的在黑暗中的时间。反复几次，逐渐加长他独自在黑暗中的时间，慢慢的宝宝就会克服怕黑的心理。爸爸妈妈也要适当地告诉宝宝，哪些事情可以执行，哪些事情是比较可怕的。但对于一些过分胆小的宝宝来说，还是应该为他们制造一个相对安稳的生活环境，过多的恐惧只会让他们感到更加不安。

贴心指导：

如何了解半岁到一岁宝宝的恐惧？

在宝宝表达能力有限的时候，可以用手语表达情绪、需求、感受。了解宝宝的恐惧表达，不但能让父母了解宝宝的需求，而且能够促进父母与宝宝之间的交流，现在让我们了解一下宝宝如何用手语表示自己的恐惧吧。

宝宝：我害怕

此时宝宝的小拳头紧张地握着，不再四处张望，手臂僵硬，这说明宝宝已经感受到恐惧。

宝宝：我不想自己一个人待着

此时宝宝的手臂笔直、小手张开，眼睛看着爸爸妈妈，眉毛和眼睛都皱到了一起，这说明宝宝害怕了，需要爸爸妈妈陪伴。

第三节　一岁到一岁半的宝宝，会用肢体语言进行交流

　　一岁到一岁半的宝宝虽然会说话，但是只是一些简单的词语。作为一岁到一岁半的宝宝的爸爸妈妈，仍然需要通过肢体语言揣摩宝宝的愿望。但是由于一岁到一岁半的宝宝已经具备了系统的思维，所以这时候宝宝的肢体语言也日渐复杂，不像 1 岁之前那样的简单、直接、一目了然。需要爸爸妈妈认真去猜测、琢磨才能读懂。这时候的宝宝，已经可以明白爸爸妈妈的表情到底是生气还是高兴，所以宝宝往往会根据父母的反应来控制自己的肢体语言，讨得父母的欢心。有的时候，宝宝们甚至会以肢体语言威胁父母，达到自己的目的。作为父母应该如何应对这些行为呢？

一、别让宝宝的哭泣威胁了你

　　宝宝来到人世间发出的第一种声音就是啼哭声，一般来说，刚

出生不久的宝宝在一天内，哭泣的时间加起来大概有 3 个小时；6个月以后，每天哭的时间加起来大概有 1 个小时；9 个月以后，只要宝宝没有生病，每天哭的时间不应超过 30 分钟。

3 到 6 个月的宝宝啼哭的原因主要是饥饿、尿布湿了不舒服、感觉过热或过冷、环境改变等。随着月龄的增长以及大脑皮层的发育，一岁到一岁半的宝宝，对于生活条件和环境有了更高的追求，这时他们的啼哭往往不是因为饥饿，也不是有什么不舒服，往往只要对某件事情感觉不满，就会哇哇大哭。很少有父母能够平静地面对自己宝宝的眼泪，即使是一些不合理的要求，父母也会想尽一切办法给予满足。这样反复几次，聪明的宝宝会发现，通过哭泣，他可以得到许多平时爸爸妈妈不会满足他的要求。比如吃了 3 块巧克力还要吃，下雨天非要穿着拖鞋到院子里玩水，买一个平时根本不给买的玩具，或者是来自妈妈的温暖的怀抱或亲切的话语。长期下去，宝宝会形成一种思维模式，那就是无论有什么不合理的要求，只要哭，爸爸妈妈就会全部，至少是部分地满足他们。

在宝宝形成这样的思维模式之后，就会产生习惯性哭泣的毛病。没有任何原因，只是他们感觉不舒服了，就会出于习惯而哇哇大哭。很多爸爸妈妈会这样问：遇到这种情况，是不是对宝宝不理不睬，让宝宝自己感觉没意思了，自然就不哭了？其实不然，如果爸爸妈妈对宝宝不理不睬，只能让宝宝的哭泣升级，并且爆发出更响亮的哭泣声。

二、宝宝为什么会"撒癔症"

有些宝宝从小就喜欢哭泣，稍微大点儿的动静就能让他从睡梦中惊醒，即使没有受到惊吓，也会因为睡觉的时候被打扰而哇哇大哭，而且越哭越伤心，越哭越停不下来，常常一哭几十分钟甚至几个钟头，民间把这种现象称为"撒癔症"。

很多老年人会说，孩子"撒癔症"不要紧，等孩子长大一点就好了。事实上，习惯"撒癔症"的孩子即使长大了，也不会有什么改善，他们仍然喜欢用大声哭喊来吸引爸爸妈妈的注意力。有时爸爸妈妈在外面忙得头昏脑涨时，突然听到宝宝的哭声，浑身打个激灵，一溜小跑去看，这一看就把爸爸妈妈气坏了！宝宝一滴眼泪也没流，刚才的哭泣其实是宝宝在"练嗓子"。

很多爸爸妈妈看到这种情况，往往会气不打一处来，有些脾气急的爸爸妈妈可能就会说了："你在干什么呢？没事你装什么哭啊？以后不许这样了啊！"很多宝宝听到爸爸妈妈的训斥之后，假哭往往会变成真哭，而且假哭的时候是不哄停不下来的，现在变成真哭，就是哄都停不下来了，不把全家折腾个天翻地覆，誓不罢休。

人越多，他就哭得越起劲儿；不理他，哭起来没完没了。那么爸爸妈妈应该怎样处理宝宝的"撒癔症"呢？

在宝宝没有任何理由、纯粹为吸引父母的注意力而大哭时，妈妈可以坐在宝宝的旁边，用手抚弄宝宝的脸蛋儿，轻轻地拍打宝宝，同时亲切和善地看着宝宝微笑。这样，就等于给他正式地下了通牒：妈妈就在你身边，妈妈一直在关心你、注意你，但是妈妈不会因为关心你而满足你不合理的要求。刚开始的时候，很多宝宝会对妈妈的做法有很大的抵触心理，还会扯开大嗓门更加拼命地哭，这时候妈妈可以拿出一些玩具让宝宝玩耍，来分散他的注意力。半岁到一岁的孩子记忆力还不强，看见新奇的玩具，肯定就会把刚才哭的事情忘到九霄云外了。只要这样反复几次，宝宝就会明白，爸爸妈妈不可能因为他的哭泣就满足他的无理要求。

值得注意的是，宝宝在大声哭泣时，无论真哭假哭，父母都不能为了哄宝宝而把他紧紧地抱在怀里。这样不但不会给宝宝温暖安全的感觉，反而会让宝宝有束缚的感觉，甚至会让宝宝喘不过气来。宝宝喘不过气来，就会拼命地挣扎，这个时候爸爸妈妈会搂得更紧，会导致宝宝因为难受而把干号变成真哭。

贴心指导：

如何对付"假戏真做"，从干号变真哭的宝宝？

通常，妈妈面对宝宝的"假戏真做"，会更加生气，往往也就没时间顾及宝宝是真哭还是假哭了。这个时候，妈妈一定要克制住自己的情绪，千万不能大声呵斥宝宝。因为宝宝在哭泣的时候，如果受到妈妈的责骂，往往会因为惊吓而呕吐。宝宝在哭泣时，鼻子里会分泌大量的鼻涕堵住鼻孔，如果爸爸妈妈不加注意，有可能会造成宝宝窒息。

妈妈怎样才能安抚哇哇大哭的孩子呢?

每个人都希望得到别人平等的对待,孩子也不例外。爸爸妈妈可以用和同龄人说话的口气与孩子对话,让他知道哭泣并不是解决问题的唯一办法,他就能很快安静下来,不再用哭泣的方式迫使爸爸妈妈满足自己的要求了。

三、宝宝用眼神与妈妈交流

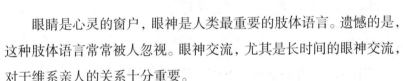

眼睛是心灵的窗户,眼神是人类最重要的肢体语言。遗憾的是,这种肢体语言常常被人忽视。眼神交流,尤其是长时间的眼神交流,对于维系亲人的关系十分重要。

眼神交流的重要性

不管在什么时候,宝宝都需要和妈妈保持一定的眼神交流。当宝宝感到不安、紧张、恐惧时,通常做的一件事就是四处寻找妈妈,希望妈妈用目光注视他、保护他。宝宝 1 岁以后,他的活动空间比以前要大得多,但同时增大的还有他和妈妈的距离,但是不管他和妈妈的距离有多大,宝宝都需要妈妈的目光注视。

然而目前，许多妈妈并没有意识到和宝宝的眼神交流是一种非常重要的情感交流方式。甚至许多妈妈没有意识到宝宝在婴儿时期就已经具有一定的智力，清醒地认识到宝宝从婴儿时期就具有意识、懂得思考的妈妈会谨慎地去照料和关爱宝宝，会在宝宝无助时给宝宝一个安心的眼神。这样会给宝宝身心方面的发展带来良好的影响，使他具有更多的安全感和依恋感。

在婴儿时期建立起良好的眼神交流，不仅仅有利于婴儿与母亲建立良好的感情，更有利于宝宝在成年之后建立良好的人际关系。

刚出生的宝宝只会看人的脸，不会对人的眼神有感觉。到 2 至 3 周时才会逐渐地进行长时间的眼神对视。如果 3 周之后宝宝还不会跟妈妈进行眼神交流，则很可能是感情或者智力发育缓慢。

其实，妈妈与宝宝之间的眼神交流很容易建立，更为重要的是，这种交流所引起的感受往往在早期的亲子依恋中起着纽带般的重要作用。对许多妈妈来说，与宝宝第一次的眼神交流也就是与宝宝首次的心灵交流。妈妈利用眼神和宝宝进行亲子互动，是一种十分有效的情感交流方式。

贴心指导：

妈妈应该怎样用眼神和宝宝进行交流？

当宝宝睡醒之后，会自然地把注意力集中在妈妈的脸上，这时候，妈妈就可以一边注视着宝宝的眼睛一边和宝宝说话。但是要注意，目光要自然、温和、亲切、真诚。感受到妈妈注视的宝宝也会好奇地注视着妈妈，并能从妈妈的眼神里感受到关爱与喜欢。

和宝宝对视的时候，距离不要太近，20 到 30 厘米为最佳。但是，千万不能一直目不转睛地盯着宝宝的眼睛，否则会使宝宝感到极不自在而大哭起来。另外，看着宝宝的时候，也不要对着宝宝的脸上下乱看，否则会让宝宝感到莫名其妙，使宝宝的心情变得烦躁，引起宝宝哭泣。宝宝虽然年纪小，但是也十分敏感，妈妈在注视宝宝的时候不能东张西望、左顾右盼，显得心不在焉，否则会让宝宝觉得妈妈在敷衍他，反而会让宝宝更加暴躁。

四、下蹲是宝宝对恐惧的另一种表述

6 个月左右的时候，宝宝就已经能够清晰地感到恐惧了。但是直到 1 岁，宝宝只能用哭泣、尖叫来表达自己的恐惧。1 岁以后，宝宝对于自己的情绪有了一定的控制能力，这时候的宝宝就会做出一些特殊的行为表达自己内心的恐惧，比如蹲下来、抱住头等。

恐惧的时候蹲下身子是人类一种本能的反应，因为蹲下来之后，可以让自己的体积变得很小，有利于将自己隐蔽起来。成年人也有这样的体会，当我们听到刺耳的声音，或突然遭受重物袭击时，所做的第一件事就是蹲下身子，双手护住自己的头。

当宝宝因为恐惧而下蹲的时候，父母应该怎样做呢？

如果当宝宝感到恐惧下蹲的时候，父母却因为看不懂宝宝所要表达的意思，而强行把宝宝拽起来，让宝宝跟上父母的步伐，只会导致宝宝的恐惧感更强，甚至还会让宝宝产生一种被全世界抛弃的感觉。如果反复发生这样的事情，会在宝宝的心灵上投下难以磨灭的阴影，而且会对宝宝成年之后的性格产生严重的影响。

如果宝宝走着走着突然蹲下身子，父母最好和孩子一起蹲下来，顺着宝宝的眼神，和他处于同一高度看世界。因为，宝宝眼中的世界与我们大人所认识的有很大的区别。从他们的眼睛中望去，有无数令他们恐惧的东西，也有许多让他们难以理解的行为，也许一辆普通的摩托车在宝宝的眼中就像变形金刚一样恐怖，一只可爱的狗狗在他们看来就像老虎一样凶猛……这一切都可以给他们带来让成年人不可理解的恐惧。其实无论是宝宝还是大人，对自己难以控制的东西都会感到恐惧和担心，只是缺乏生活经验的宝宝们表达得更加明显。如果爸爸妈妈经常蹲下来，用宝宝的视角看世界，同时试着体会宝宝的心态，那么就可以理解宝宝为什么会有那么多的恐惧了。

当宝宝感到恐惧的时候，父母不能忽略宝宝心中的恐惧感，而应该和宝宝进行沟通，了解宝宝到底害怕什么，给予宝宝更多的耐心和爱心，并且陪着宝宝一起面对，要让宝宝知道在他需要保护的时候，爸爸妈妈永远在他身边。同时，爸爸妈妈也要为宝宝树立榜样，在宝宝的面前，遇到危险的时候绝对不能咋咋呼呼，惊慌失措；在宝宝害怕的事物面前更要表现出沉着、勇敢、坚定的样子，这样才会给宝宝增添克服恐惧的勇气，培养一个勇敢的宝宝。

贴心指导：

如何让宝宝不再恐惧

要想让宝宝不再恐惧，首先要弄清楚宝宝恐惧的原因，宝宝对陌生环境或者巨大的异响，都会感到恐惧。其中最常见的一种就是怕黑，不少孩子只要在黑暗的环境中就感觉十分害怕。不管什么原因，爸爸妈妈们都要安抚、鼓励孩子，让宝宝不再恐惧。

（1）单纯的安慰并不完全有效

如果弄不懂宝宝恐惧的原因，单纯的安慰并不见得多有效，就算宝宝口不能言，嘴不能说，一样有对外界事物的判断和臆想，所以爸爸妈妈们一定要仔细观察，到底是什么东西吓到了宝宝。可能是黑暗，也可能是某些陌生的场景、陌生的人，或者是曾经让宝宝感到不安的事物重现。只有找到了宝宝恐惧的原因，才能有的放矢安慰宝宝，消除让宝宝恐惧的因素。

（2）鼓励是消除恐惧的最好方法

在消除了让宝宝恐惧的因素之后，一定要鼓励宝宝，让宝宝不再恐惧。比如大部分宝宝会被打雷或者黑漆漆的房间吓哭，家长见到孩子哭了通常第一反应就是上前安慰。部分家长出于爱护孩子的天性，对孩子害怕的东西特别谨慎和在意。实际上，家长的紧张和在意容易影响到宝宝的情绪，因此宝宝也就变得更加大惊小怪。首先家长自己要镇定，不要害怕；其次要鼓励宝宝，不要以为宝宝听不懂，宝宝会通过家长的反应，意识到所面对的场景和事物并不可怕。

（3）把恐惧变成快乐的游戏

恐惧是一种负能量，如果能把这种负能量，转化成正面的、快乐的能量，那么爸爸妈妈们就成功了。比如孩子怕黑，那么天气好的时候，天黑之后，家长可以抱宝宝出外散散步，抬头仰望星空，给孩子指天上的月亮、星星看，还可以晚上在屋里关灯和宝宝说话、唱歌、聊天。很多家长喜欢晚上开一盏小夜灯，这种习惯并不是太好，因为宝宝很少身处黑暗的环境，所以对于黑暗就会感到恐惧。但是如果妈妈们每天晚上都关上小夜灯，在黑暗中给宝宝喂奶、唱歌、说话，那么宝宝十之八九不会对黑暗感到特别恐惧。

五、教宝宝控制自己的情绪

一岁到一岁半的宝宝已经有了语言表达能力，但与人交流的能力还十分有限，常常不能清楚地表达自己的想法，也经常会因为种种原因而生气。宝宝生气的时候，爸爸妈妈要缓解宝宝的情绪，并教宝宝慢慢学会控制自己的情绪。学会控制好自己的情绪，理解他人的感受，这些对宝宝将来在社会上获取成功会起到很大的帮助。婴儿时期正是教宝宝怎样控制自己情绪的最佳时期。那么爸爸妈妈们应该怎样教宝宝学会控制自己的情绪呢？

第一招：转移宝宝的注意力

这时期宝宝的自控能力比较差，特别是对想要的东西如果不能马上得到，就会感觉像到了世界末日。如果他想做什么事，妈妈对他说不能做，他就会感到相当愤怒，会大哭大闹、大喊大叫，这个时候爸爸妈妈们应该怎样做呢？

一岁到一岁半宝宝的情绪不会维持很长时间。这个时期的宝宝很容易对某件事物产生兴趣，但过不了几分钟，又会被其他新鲜的事物所吸引。因此，聪明的爸爸妈妈只要充分利用这一特点，就能轻松地控制宝宝的情绪。

当宝宝生气的时候，爸爸妈妈可以把宝宝的注意力转移到其他事情上去。例如，当宝宝在卧室里吵闹着要玩摇摇车时，妈妈可以把他带到外面拿出玩具车分散他的注意，很快宝宝就会安静下来。此外，环境的改变也能让宝宝迅速从愤怒的情绪中脱离出来。当宝宝在卧室里面因为生气而又哭又喊的时候，妈妈可以把宝宝从卧室带到外面公园里去，公园里面的花草、秋千等漂亮的环境都可以让宝宝忘记刚才的不愉快。

第二招：让宝宝学会等待

现实生活中，等待是不可避免的。在宝宝一岁到一岁半可以听懂解释时，爸爸妈妈就要开始找机会培养宝宝的忍耐性，这也是宝宝的性格培养中必不可少的一步。

例如，妈妈正在做饭，但宝宝已经是饥肠辘辘，这时爸爸妈妈千万不要给宝宝吃零食，否则在吃饭时宝宝就没有胃口了。这时爸爸妈妈可以请宝宝来当"助手"，看看餐桌上的碗筷有没有摆好，或者帮助爸爸妈妈洗一下盛菜的盘子等。此时的宝宝会一边帮忙一边耐心地等待着吃饭时间的到来，开饭时宝宝的胃口自然很好，同时也可以独自将饭菜吃完。

在儿童游戏乐园玩耍时，也会有很多需要宝宝耐心等待的场景。比如碰碰车、滑梯等这些活动都需要排队才能玩，这个时候，妈妈更需要教导宝宝耐心等待。

第三招：帮助宝宝用语言去描述自己的情绪

一岁到一岁半的宝宝大都以自我为中心，不会想到别人也会伤心、生气。如果宝宝能够了解什么是生气，什么是伤心，那么他也能够体谅别人的情绪。爸爸妈妈可以引导宝宝用语言表达自己的感受，例如"那件事一定让你很生气"，或是"你看上去很伤心"，这样就能帮助宝宝认识到有很多的语言能描述自己的内心感受，从而让宝宝知道这些感受是再正常不过的事情。之后可以让宝宝明白这些情绪导致的不良行为，比如尖叫或打人都是不对的。

一岁到一岁半的宝宝不会控制自己的情绪，但是爸爸妈妈要通过交流，在宝宝幼小的心灵当中树立一种观念，那就是：伤心、生气的事情在生活中都是很平常的，但是破坏东西和伤害他人的行为是绝对错误的。

贴心指导：

如何避免宝宝出现过激行为

妈妈可以引导宝宝用肢体语言表达自己的情绪，避免出现一些过激行为。

（1）当宝宝很生气的时候，可以握紧小拳头展示一个坚定的姿势，告诉妈妈我非常生气。

（2）当宝宝高兴的时候，可以拍打两只小手，做鼓掌的动作，告诉妈妈我好开心啊。

（3）当宝宝不想把东西给别人时，可以把手里拿的物品放在背后，意思是这个东西我不想给你。

六、哭泣是宝宝求助的信号

从出生开始，哭就是宝宝表达自己情绪的重要方法，他们经常因为各种原因而大声哭泣。很多妈妈会发现随着宝宝长大，哭泣的次数也会越来越多。同时，一岁到一岁半已经有了思想的宝宝可能会很聪明地发现，哭闹是一种特别有效的办法，只要自己一哭，大人就会很快妥协，自己的目的就可以达到了。所以很多时候宝宝只是为了让自己得到满足感，而并不是因为疼痛或者伤心而哭泣。

一岁到一岁半的宝宝经常会用哭泣来换取爸爸妈妈的帮助，但是这个时候的宝宝，往往为了顾全自己小小的面子，会先发出一些求助的信号，如果这种信号不能引起爸爸妈妈的注意，就要哇哇大哭了。

那么，怎样才能发现宝宝的求助信号呢？

爸爸妈妈只要认真观察宝宝的性格、平时的状态以及经常采取何种方式从一种状态转到另一种状态，就可以识别宝宝的警告信号。比如宝宝常常用皱着眉头、面部表情僵硬、小嘴紧紧地抿着，并且发出哼哼唧唧的声音，来表示自己受到了过度的刺激，需要帮助。只要父母能在第一时间发现宝宝的这种求助信号，并对宝宝进行有效的帮助，就能让宝宝感觉到：其实哭泣也不是必要的，这一次自己没有哭，不是同样得到了？这样就会减少宝宝哭泣的次数，从而让宝宝养成良好的习惯。

但并不是宝宝需要的所有帮助都要满足他，有时候宝宝的要求会很无理，比如已经吃了很多糖还想多吃一块，以及晚上多玩一会儿、晚点睡觉等。面对这种要求，即使宝宝哇哇大哭，爸爸妈妈也要果断拒绝，并且要告诉宝宝拒绝的理由。

当宝宝提出了合理的要求时，比如自己搬不动小凳子，要妈妈帮忙，或者让妈妈把玩具放在高高的地方，妈妈一定要满足宝宝。其实，只要不涉及原则性问题的要求父母都可以尽量满足。慢慢地宝宝就会发现，除了哭泣以外也可以用其他的办法和父母交流，他就可以不再用眼泪来解决问题了。

贴心指导：

读懂宝宝的求助信号

如果宝宝目不转睛地看着妈妈或者爸爸，或者一步不离地跟在妈妈或者爸爸身后，就说明宝宝有话要对爸爸妈妈说。如果宝宝抱着妈妈的胳膊或者腿，那么肯定在向妈妈求助。

第四节　一岁半到两岁的宝宝，用肢体语言表达需求

一岁半到两岁的宝宝，已经可以顺畅地用口头语言和父母进行交流了。那么，是不是肢体语言就不重要了呢？答案当然是否定的，对于一岁半到两岁的宝宝而言，肢体语言仍旧是他们的重要的交流方式。了解一岁半到两岁宝宝的肢体语言，对于宝宝的成长，以及健全人格的塑造，有着非常重要的作用。

一、肢体语言可以帮助爸爸妈妈验证宝宝口头语言的真假

一岁半到两岁的宝宝已经有了自己的小聪明，有的时候，宝宝可能会为了达到自己的目的而说谎，或者夸大自己的痛苦。这个时

候，爸爸妈妈就可以通过肢体语言来验证口头语言的真假。

宝宝在一岁半以后就开始意识到对不同人要用不同的办法。比如他发现在家里爷爷奶奶最好说话，只要他一撒娇，就能从他们手里得到想要的；可是爸爸妈妈就不同了，无论他怎么软磨硬泡，都没有办法从爸爸妈妈那里满足自己不合理的要求。那么，他就会选择性地对待不同的人，为了拿到自己想要的，他可能会在爷爷奶奶那里撒娇耍赖，会在爸爸妈妈那里又哭又闹。从这个时期开始，宝宝的情感表达有了选择性，宝宝也具备了八面玲珑的能力。如果此时没有加以控制，等宝宝的性格定型之后，就很难纠正了。那么，怎样通过肢体语言判断宝宝口头语言的真假呢？

宝宝快 2 岁时，可能经常做一些可爱的小表情，可爱到常常会让爸爸妈妈忽略宝宝做这种表情的目的。慢慢地爸爸妈妈就会发现，在宝宝扮可爱的时候，一些不合理的要求总能得到满足。比如，宝宝每天晚上 8 点就要准时上床睡觉，但如果宝宝向爸爸妈妈做一个可爱搞笑的表情，这种规定就会在无形中变得宽容许多，上床睡觉的时间可能会被延长到 8:10，甚至更晚。

宝宝做这种带有目的性的"假"表情，在父母看来，是一件很可爱、让人忍俊不禁的事情。可在宝宝看来，却成了一种手段，如果爸爸妈妈每次都在他做出一些可爱搞笑的表情后满足他不合理的要求，那么就会让他认识到，原来这种办法可以让我不合理的要求得到满足。西方心理学家把这个叫作"父母的情感妥协"。通常来说，父母的这种妥协非常容易让宝宝养成娇纵的习惯。

有时候宝宝除了会做一些搞笑、可爱的表情外，还会假哭。经常会看到一些妈妈在博客上写道："我的宝宝会装哭啦，是不是很聪明？"是的，是很聪明，但这并不表示妈妈可以在一旁微笑地欣赏。宝宝的装哭是对父母忍耐底线和情感底线的试探。如果让宝宝意识到，装哭可以起到和真哭一样的效果，就有可能形成装哭、装疼的习惯，甚至会导致他日后试着去欺骗。

贴心指导：

如何对付宝宝的"假言假语"？

在宝宝假哭或者做一些搞笑的表情时，父母一定要注意，就算他的表情再吸引人，你也不要因此夸奖他聪明，或者对宝宝妥协让步。当宝宝发现自己的表演没人理睬时，就会感到没意思而自动停下来。当然有时候宝宝也会因为没人理睬而真的生气大哭起来，这时爸爸妈妈可以哄劝，但是哄劝的时候也要注意，不合理的要求一定要拒绝。

二、不要当面揭穿宝宝伪装的肢体语言

一岁半到两岁的宝宝还不知道什么是欺骗，他们只是按照自己的意愿，做出一些肢体语言来，想要拥有一些东西，或者避免一些惩罚。

当宝宝在偷吃妈妈禁止的东西被发现时，反射性的动作就是把双手往后放。这是在暗示妈妈："你没看到东西，我就是没吃。"在成年人眼中，把不想被人看到的东西藏在自己背后，是一种十分拙劣的隐瞒方式。但这种行为对宝宝而言，却是一次质的飞跃。专家研究发现，宝宝在 4 岁以前，大脑没有发育完全，还不会有意识地欺骗。如果他有意隐瞒一件事，通常都是为了满足自己或者取悦大人。

宝宝在隐藏某件东西时会认为：如果把妈妈不想看到的东西藏起来，妈妈肯定会认为这件东西消失不见了，肯定就不生气，变得高兴起来，那自己的日子也会好过得多。在这种时候，妈妈可以向他把东西要回，但是不要批评他，否则可能会给宝宝的心里留下阴影，以至于养成欺骗的习惯。

其实有时候，宝宝隐藏东西反而不是坏事，它能帮助爸爸妈妈发现自己的问题。有时候宝宝需要的只是那么一点点，满足了他，双方皆大欢喜。

有的时候，爸爸妈妈忙着工作，对宝宝的关心越来越少了。慢慢地妈妈拥抱的次数少了，爸爸一回家，也是呆呆地坐在沙发上休息。长期下去宝宝的心态就有了变化。宝宝会格外注意父母的行为，变得比以前更喜欢缠着父母，甚至在爸爸妈妈回家以后开始头疼、眼疼。宝宝是真的疼吗？当然不是，因为不到 2 岁的宝宝是不会忍耐疼痛的，一旦真的疼了，他早就哇哇大哭了，根本等不及去爸爸妈妈那里诉苦。

曾经在网上看过这样一篇文章，文章中把宝宝的装病行为称为"孩子的阴谋"，然后作者罗列了多条解决方法。可是，为什么就没有人用心去想一下，不到 2 岁的宝宝哪里有这么险恶的用心，去制造"阴谋"呢？

其实宝宝假装身体不舒服，只是表明他极度缺乏父母的关爱，宝宝只是用装病来吸引父母的注意力。这时，父母要给予宝宝更多的关爱。父母回到家后可以抱一抱宝宝，陪孩子玩游戏，或者睡觉前给他讲个小故事等。随着父母与宝宝交流时间的增加，宝宝的这些"阴谋"就会逐渐消失。

贴心指导：

如何增进与宝宝的感情?

不断增进与宝宝的感情，能帮助宝宝减少"伪装"。父母可以常常与宝宝做游戏，这不仅可以让宝宝感受到爸爸妈妈的关注，也能够促进宝宝语言的健全和智力的发展。

例如，妈妈可以把一条毯子放在宝宝的头上，看看他是否会自己把它拿下来。当宝宝把毯子拿下来的时候，你就开心对着宝宝叫"找到你啦!"，然后把毯子盖在自己的头上，让宝宝把毯子从你头上拿下来。通过这样的游戏交流，爸爸妈妈和宝宝会增进彼此之间的感情。

三、宝宝的肢体语言告诉你他的压力

很多父母反感宝宝抠鼻孔，很多父母看见宝宝抠鼻孔就会斥责宝宝，甚至会生气地把宝宝的手拽下来。其实，随着宝宝慢慢地长

大，他也在不断探索自己周围的世界，往往会有一些让他感到困惑不解的事情，为了缓解自己内心的压力，安抚自己焦躁的情绪，孩子就会寻求某种动作来排解，抠鼻孔也是其中的一种。

虽然抠鼻孔可以理解，但是孩子经常抠鼻孔，对他的健康成长极为不利。因此，家长在发现宝宝养成了经常抠鼻孔的习惯后，要及时纠正。但千万不要斥责、呵斥甚至打骂孩子，这样会伤害宝宝的自尊心，阻碍孩子身心的健康发展。父母应该在宝宝抠鼻孔的时候关心地问："宝宝是不是鼻孔痒痒？""是不是鼻子不舒服？"，等等。同时更要温柔地告诉宝宝："经常抠鼻孔，鼻子里就会有虫虫了，宝宝就要去打针了。"也可以在宝宝抠鼻孔时，拉着他的手做游戏，给他的手找点事情做。久而久之，宝宝就会把兴趣从抠鼻孔转移到其他事情上了。

除了抠鼻孔之外，宝宝还会有其他的习惯。例如，很多宝宝睡觉时喜欢摸着妈妈的手，一旦摸不到妈妈的手就会很难入眠或者会哭闹不停。还有些孩子喜欢摸着妈妈的耳垂睡觉，或者摸着妈妈的头发睡觉等，这都体现出了孩子对妈妈的依恋。有些孩子持续的时间短，在 2 岁左右就会慢慢消失，有些孩子会持续到 3 岁甚至更长时间。

宝宝喜欢摸着妈妈睡觉，主要是因为宝宝面对繁杂的世界十分缺乏安全感，特别需要依恋最熟悉的亲人。但是这种行为表现在一段时间内还可以，如果长期发展下去，对孩子的身心发展也十分不利。因此，爸爸妈妈也要采取适当的办法来改变宝宝的这种习惯。例如妈妈可以在睡前唱催眠曲或者讲一两个动听的小故事陪伴宝宝入睡，等他睡着了再离开，如果宝宝半夜醒来又哭又闹，妈妈应该在第一时间过去安抚。这样的次数多了，宝宝就会明白妈妈就在不远处，也就随之产生安全感。

贴心指导：

如何训练一岁半到两岁的宝宝使用肢体语言

在宝宝不断长大的同时，宝宝要求我们重视他的感受的愿望也在不断增长。很多时候宝宝跑过来喊妈妈，会手舞足蹈、激动不已地告诉你他刚刚看见了什么有趣的东西。他希望你对他的高兴、生气或伤心等心情作出反馈，而且细心的妈妈会发现，宝宝总是在试图重复表达他的感受，此时如果妈妈表示感同身受，宝宝会感到很满足，继续高高兴兴地去玩自己的游戏；而如果妈妈的反应是"莫名其妙"，甚至不知道宝宝在说什么，则会让宝宝垂头丧气，甚至一声不吭。所以爸爸妈妈要尊重宝宝的反应，并且适当地给予肯定。

四、模仿是学习肢体语言最主要的途径

心理学家认为，宝宝的社会化发展离不开模仿。模仿从呱呱坠地的新生儿就开始了，通过模仿，孩子不仅能够学习父母的行为，

而且也能对模仿的行为进行加工，有所创新。模仿可以让孩子非常迅速、有效地学会一系列的肢体语言，模仿是孩子学习肢体语言的第一步。

从出生的那天起，宝宝就开始了他的模仿历程。宝宝经常会模仿大人的发声、手势、表情，你朝他吐吐舌头，他也会有样学样。2到3周的时候，宝宝就会用自己的小手指，学习妈妈的手势了。6个月之前，宝宝会跟着大人做出表情和动作，你对他笑，他也会以笑脸回报；你张开双臂，他也会张开双臂。

宝宝在一岁半之后，开始模仿在电视中看到的人物，学他们跳舞、唱歌、做事的样子。虽然他们隐约知道电视里的人和现实生活中的人是不一样的。但他们还是急于把从电视中、小伙伴身上和周围的大人那里学来的东西表达出来。宝宝快到2岁的时候，简直迷上了模仿父母的行为，学妈妈洗碗、扫地、洗衣服；看到爸爸修理电视，他也找来工具，想要修理。

有位妈妈发现快2岁的儿子同3岁的表哥在玩"打针"游戏，拍拍表哥的头，然后在表哥脸上吻了一下，安慰他不要怕，疼痛很快就飞走。就像平时他打针前，妈妈为他做的一样。妈妈感动不已，想不到自己平时的行为就这样深印在儿子心中。

当宝宝模仿父母的表情、行为的时候，爸爸妈妈最好再反过来模仿孩子的行为举止，这样会使宝宝同父母的关系更亲密；另外，爸爸妈妈的行为也像一面镜子，可以指点提醒孩子什么该做，什么不该做。

贴心指导：

如何从小训练宝宝的独立生活能力？

合格的爸爸妈妈，应该从小培养宝宝独立生活的能力，让宝宝模仿自己做事。可以从训练宝宝自己吃饭和用杯子喝水开始，逐渐引导宝宝模仿做事。

（1）训练宝宝自己吃饭

在开始的时候，爸爸妈妈可以先教宝宝学着大人的样子，自己拿着勺子从碗里舀饭往嘴巴里送。开始的时候宝宝会撒落很多饭菜，但爸爸妈妈不要气馁，只要多次练习，宝宝就会成功。为了避免浪费，也为了避免宝宝受伤，爸爸妈妈可以单独给宝宝准备一套木质的碗和勺，里面放少量的食物供宝宝练习。

（2）训练宝宝用杯子喝水

开始的时候，可以用一个木质的小口杯子，里面装一点水，爸爸妈妈一次次演示给宝宝看，然后拿着宝宝的手，引导宝宝自己端着杯子往嘴里送，为了避免宝宝被水呛到，爸爸妈妈要适当给予帮助，然后逐渐由宝宝自己完成。

进行这种练习的时候，爸爸妈妈千万要记住，绝对不要因为宝宝把食物撒得满地，或弄湿了衣服而呵斥宝宝，更不能因此不让宝宝模仿，这会挫伤宝宝的积极性。当宝宝成功模仿完一个动作后，爸爸妈妈应该及时给宝宝鼓励和表扬，让宝宝有更大的动力去模仿。

五、培养宝宝观察的习惯

观察是学习的基础，观察对人们进行科学研究、创造发明以及与人进行交流有着重要的作用。

观察可以形成一种习惯，而这个习惯应该在宝宝很小的时候就开始培养。宝宝对周围事物感到好奇的时候，就是培养他观察力的最佳时期。研究发现，婴幼儿期间宝宝着重观察的事物，很有可能就是他今后的兴趣所在。家长可以根据宝宝观察的重点，为孩子制定今后的发展方向。

那么，应该如何培养宝宝的观察习惯呢？

宝宝刚开始对事物的观察是没有意识的。如果这时父母对宝宝的观察活动给予肯定，他的观察行为就会得到强化。比如，带宝宝到小区的公园去玩耍时，宝宝会在公园里发现好多好玩的东西：绿绿的草地，五颜六色的小花，那边有一条小河，公园里还有假山喷泉，大树下边有一群蚂蚁在爬来爬去，还有一个满脸皱纹的老奶奶。宝宝可能会兴奋地扭来扭去，欢快地叫起来，但是宝宝不会注意观察什么。这时候，妈妈就可以问他："宝宝，你在看小蚂蚁吗？小蚂蚁爬来爬去的好可爱啊！"经妈妈的引导，可能会让宝宝把更多的注意力集中在蚂蚁身上，由泛泛观察变为仔细观察。

此外，在家里玩游戏的时候也可以培养宝宝的观察力。爸爸妈妈可以先示范一次，让宝宝观察父母是怎样做的，然后再让宝宝自己去动手。这样不仅培养了宝宝的观察能力，也培养了宝宝的动手能力。

但是宝宝在观察过程中，眼睛注意的速度、广度都不如成年人，而且宝宝的注意力只能维持很短的时间。如果父母把一种事物看好、看透后才开始对宝宝进行指导，就不仅仅会影响宝宝观察的兴趣，也剥夺了宝宝观察的能力。所以如果父母想要做宝宝观察的伙伴，最重要的是留出足够的时间和安静的空间给宝宝。面对观察对象，让宝宝自己仔细地看一看，从中得到快乐。

贴心指导：

如何训练一岁半到两岁的宝宝观察世界？

在引导宝宝养成观察的习惯时，宝宝经常会不听爸爸妈妈的"指挥"，把头转到另一个方向，这时爸爸妈妈不要干涉，让宝宝去了解和观察周围的世界。爸爸妈妈可以任由宝宝观察一切，慢慢领会，过一会儿宝宝看够了，自然会转向爸爸妈妈指引的方向。

六、肢体语言丰富有利也有弊

一岁半到两岁的宝宝已经学会走路，他们会经常迈动胖胖的小

短腿摇摇晃晃地四处淘气作乱，宝宝的好动和顽皮，让爸爸妈妈很是操心。如果宝宝过于好动，那爸爸妈妈可就遭殃了，只要稍不留意，宝宝就会在某个地方留下他"辉煌"的印记。很多爸爸妈妈会问，宝宝是不是越好动就越聪明呢？

其实，宝宝肢体语言过于丰富，对他的成长发育有利也有弊。

先来说说宝宝肢体语言丰富的好处。

好处一：肢体语言丰富的宝宝对一切事物都充满了好奇

精力旺盛的小"淘气"们，往往有更多的愿望去探索这个世界。而这时爸爸妈妈就需要经常带宝宝到户外去，一岁半到两岁是宝宝获取知识的黄金期，让他多多接触大自然，去获取大自然中的知识对宝宝是很有帮助的。到了大自然中他会有很多的"为什么""是什么"等问题给爸爸妈妈准备着，爸爸妈妈就要及时丰富自己的知识，来满足宝宝的好奇心。因为好奇，问得多，所以知道的也多。这会给宝宝以后的学习和思考打下扎实的基础。

好处二：好动的宝宝记忆力强

喜欢左顾右盼的宝宝，往往会有超强的记忆力。他们每次看到的或者问过的事情，只要你给他解释得足够清楚，他就会开动脑筋，想尽一切办法把你所说的记住！比如有些喜欢左顾右盼的宝宝背唐诗的时候，只要家长解释得清楚，多读几遍，宝宝很快就可以一字不差地背诵下来。学习唱儿歌的时候也是一样，很多好动的宝宝听过一次基本就熟记于心，能跟着音乐唱出来。

好处三：肢体语言丰富的宝宝大动作发育早

好动的宝宝的很多肢体语言都发育得比较早。这些宝宝可能会在不到 2 个月的时候就可以手脚并用，乱蹬乱抓，表现出不同于其他宝宝的超好体力。正因为宝宝的好动，爬得又快又好，所以宝宝身体的平衡力也比较强，一些安静的宝宝做不到的动作他们也可以完成得游刃有余。随着大动作的发育，宝宝的身体协调性也比其他的孩子强。

婴幼儿时期宝宝的好动，可能让有些爸爸妈妈认为是好事！可是随着年龄的增长，如果宝宝的好动有增无减，就会对宝宝的成长产生不利的影响。

影响一：喜欢左顾右盼、肢体语言丰富的宝宝，注意力容易分散

特别爱动的宝宝，对很多事物都充满了好奇，感觉很新鲜，所以注意力很容易被另一种新的事物所吸引，很难安下心来安安静静地完成一件事。很多时候都是了解了一点点就放弃，转到其他的事物上了，做事情很容易半途而废，这是让爸爸妈妈非常头疼的事情。

影响二：喜欢左顾右盼的宝宝，细小的动作常落后于其他的宝宝

肢体语言丰富的宝宝虽然大动作做得很好，但在精细的动作上，却比其他的宝宝落后。比如握笔的姿势是错误的、拿筷子夹菜的时候总是会掉等。当看到身边很多比自己宝宝还小的孩子都已经可以灵活使用笔和筷子时，爸爸妈妈会特别着急。殊不知，这正是因为宝宝太好动，所以很多细小动作的训练都没有坚持下来，时间久了，宝宝的这些动作自然就不如其他的同龄孩子了。

虽然宝宝好动、活泼是件好事，可是爸爸妈妈一定要善于引导活泼好动的宝宝，让他们各方面均衡发展。只要坚持适当引导，好动的宝宝也会成为细心的聪明娃娃！

第五节　宝宝表情密码大破译

大多数宝宝，在出生几天之后，就会露出笑容，但是这时候宝宝的笑容没有任何感情色彩，只是像皮肤上痒痒，就要拿手挠挠一样，是对于外界的自然反应。但是 1 到 2 周之后，宝宝就会开始有意识地做出表情，有的宝宝会积极回应妈妈的表情，但是也有很多宝宝面对妈妈的笑脸呆若木鸡。父母应该注意孩子的各种表情，对过于热情或者过于冷漠的宝宝都要加以引导和纠正。

表情一：张嘴大笑

密码：高兴、喜悦

宝宝张开没牙的小嘴大笑的时候，表示宝宝十分高兴。面对宝宝的喜悦，妈妈千万不能皱眉或者冷漠，只有妈妈发自内心的微笑，才能让孩子感觉更幸福，笑得更安心、更快乐。

表情二：哭

密码：扩张肺活量

很多妈妈一听见宝宝哭，就会赶紧抱着宝宝哄，其实大可不必，只要宝宝的哭声响亮，没有杂音，就说明这种哭只是宝宝对于自己肺活量的锻炼，妈妈大可不必担心。

表情三：啃手指、吹泡泡

密码：无聊呢，别烦我

很多宝宝在不冷不饿而且睡不着觉的时候，会啃手指、吹泡泡。爸爸妈妈看见这种情况千万不要干涉，让宝宝自娱自乐吧。

表情四：睡眼惺忪、四肢绵软

密码：别给我吃奶了

宝宝吃奶的时候，往往会吃着吃着，就一把推开奶头，并且把头歪向一侧，而且妈妈可以明显感觉到宝宝的四肢绵软，同时会发现宝宝一副睡眼惺忪的样子，这表明宝宝已经吃饱了，妈妈就别再强行喂宝宝东西吃了。

表情五：尖叫

密码：烦躁

宝宝在纷繁复杂的环境中生活，特别容易受到来自各个方面的干扰，但是很多时候又没有办法用语言描述自己的烦躁，只好用大喊大闹来发泄内心的不满。这个时候，妈妈应该赶紧把孩子带到一个简单安静的环境中，同时轻声哄逗宝宝，这样就可以让宝宝迅速平静下来。

表情六：麻木

密码：宝宝的身体缺铁

大多数宝宝在婴幼儿时期特别活泼，见人就笑。但是也有很多宝宝总是一脸麻木、漠然。出现这种情况大多是由于宝宝体内缺乏铁元素，妈妈可以在医生的指导下为宝宝补铁。只要宝宝吸收到足够的铁元素，很快就会露出灿烂的笑容。

表情七：眼神涣散

密码：妈妈我累了，我要睡觉觉

很多时候，宝宝玩儿着玩儿着，原本滴溜乱转的眼睛变得涣散，还不停地打哈欠，同时还会不断地点头，这就表明孩子想睡觉了，赶紧给他弄个温暖的小窝才是王道。

表情八：乱咬东西

密码：长牙的时候牙床痒痒

由于长牙的时候，牙床会发痒，所以这个时期的宝宝往往会抓住硬的东西就咬个不停，甚至当妈妈抱着宝宝的时候，宝宝也会一把拽过妈妈的棒球帽，使劲咬，如果妈妈不给，宝宝就会又哭又闹。这个时候，妈妈可以给宝宝吃一些磨牙棒饼干，既卫生又能帮助宝宝摩擦牙床。

表情九：眼神暗淡

密码：妈妈，我生病了

健康宝宝的眼神总是滴溜乱转、晶莹明亮的。如果妈妈发现孩子的眼睛暗淡无光、呆滞无神，那就是宝宝在告诉你："妈妈，我要生病了！"而且很可能宝宝已经病了，这个时候，妈妈最好抱着孩子去医院！

—第二章—

宝宝的"睡眠语言"不撒谎

　　宝宝睡着的时候，会做出各种各样的小动作，这些睡眠中的小动作，不仅能够最真实地反映宝宝的身体和心理的状况，同时也能告诉妈妈宝宝内心深处的需求与想法。

第一节　半岁以下宝宝的睡眠语言

吃和睡，几乎是半岁以下宝宝生活的全部，他们一天至少有一半的时间是在睡眠当中度过的。这么长时间的睡眠，到底对宝宝的成长有什么影响呢？宝宝在睡眠当中各种各样的小动作又说明什么呢？

一、半岁以下宝宝的睡姿对于宝宝有什么影响

宝宝刚刚出生的时候，头顶会有两个没有骨头支撑的天窗，随着宝宝的呼吸，这两扇天窗还会"起起伏伏"的活动，仔细看时，天窗上面还有青色的脉管，这两扇天窗在医学上被称为囟门。在囟门闭合之前，宝宝的睡姿会对宝宝长大后头颅的形状和五官产生影响。很多父母会让宝宝脸朝下睡觉，希望这样能让宝宝长成椭圆形的头和更加立体的五官。也有很多父母认为仰睡，能让宝宝更顺畅地呼吸。但是无论是仰睡、趴睡，还是侧睡，在睡觉之前，都要让宝宝打个嗝再睡。因为新生婴儿的肠胃没有发育完全，宝宝在喝奶

的时候，常常会吸进不少空气，如果不打个嗝，把肠胃里面的空气排出来，很容易导致宝宝在躺下之后发生吐奶的现象。吐奶时，呕吐物会堵塞宝宝的口鼻，甚至会导致肺炎。

任何一种睡姿都不会对宝宝的健康产生坏的影响，但是每种睡姿也都有一定的风险。下面就让我们一起看看各种睡姿的利弊。

宝宝的睡姿一：仰睡

仰睡，就是宝宝采取平躺的姿势，脸朝上睡觉。这种姿势不但方便妈妈观察宝宝睡觉时的情况，而且可以放松宝宝全身的肌肉，快速缓解宝宝的疲劳，同时仰睡的时候，宝宝全身的关节和器官都没有压迫感，能让宝宝睡得很舒服。但是仰睡也不是十全十美的姿势，半岁以下的宝宝骨头很软，舌头等软骨更是没有发育完全，当宝宝仰睡的时候，柔软的舌头会垂下来堵塞宝宝的呼吸道，出现呼吸不畅甚至窒息的情况。如果妈妈发现宝宝在仰睡的时候，出现脸色发红或者身体抽动的情况，就要赶紧给宝宝换个姿势。

宝宝的睡姿二：趴睡

趴睡，就是宝宝的小肚子朝向床面，脸朝下或者侧向一边的睡姿。因为胎儿在子宫里面的时候，就是蜷缩的姿势，所以趴睡能给宝宝最大的安全感，更容易让宝宝睡得又香又甜，即使被突然惊醒，也不会受到太大的惊吓。同时，由于宝宝睡觉的小床比较软，趴睡的时候能够让宝宝抬头挺胸，帮助宝宝塑造一个挺拔的身姿。同时，趴睡还能避免宝宝因为呕吐而导致的危险。由于趴睡的时候宝宝的小肚子受到挤压，还有助于排出宝宝肚内的胀气，但是，趴睡的时候，宝宝几乎把全身的分量都压在了内脏和肋骨上，如果宝宝被枕巾堵住口鼻，很快就会窒息而死。据统计，趴睡是宝宝发生猝死的案例最多的姿势，而且趴睡也不方便妈妈观察宝宝睡觉的情况。

宝宝的睡姿三：侧睡

侧睡有左侧睡和右侧睡两种。无论是左侧睡还是右侧睡，都是目前医生最提倡的睡眠方式。当宝宝侧睡的时候，各个器官都不会受到太重的压迫。侧睡的时候，宝宝的肌肉和双腿都会自然弯曲，全身的肌肉都可以得到很好的放松。而且侧睡还能够有效避免宝宝因为吐奶引起的窒息。如果宝宝吃饱之后，还没有打嗝，那最好让他侧睡。需要注意的是，宝宝侧睡的时候千万不能用太过柔软的枕头，否则宝宝的鼻子会陷进枕头，被枕巾堵住。由于宝宝头部和脸部的骨骼柔软，侧睡的时候，最好采用白天左侧睡、晚上右侧睡或者今天左侧睡、明天右侧睡的方式，以免长期单侧睡觉造成宝宝歪头歪脸。

对于宝宝来说，每种睡姿都有利有弊。父母可以根据宝宝的身体状况，以及喜好来选择，也可以根据宝宝的身体发育状况更换睡觉的姿势。只要宝宝在睡觉的时候，有妈妈或者其他大人在一旁看护，就能让宝宝平平安安地睡个香甜觉。

二、新生宝宝到底需要睡多久

宝宝的睡眠时间不仅跟宝宝的年龄、睡眠环境有关，而且跟宝宝

天生的体质和性格也有关。有的宝宝一觉可以睡个天昏地暗；有的宝宝则是每睡半个小时，醒来看看四周，再接着睡。有的宝宝每天到时间就睡，差不多了就醒；有的宝宝则是想睡就睡，睡烦了就醒。但是无论怎样，各个年龄段的宝宝，都有一定的睡眠规律。那么，就让我们一起看看，宝宝们各个年龄阶段的睡眠到底有什么特点吧！

0 到 7 天的宝宝

0 到 7 天的宝宝总是处在一种混混沌沌的状态，无论白天黑夜，除了饿了吃奶，一天很少有睁眼的时候。在这个时期，妈妈不要打扰宝宝睡觉。宝宝正在"养精蓄锐"，在长时间的睡眠中，让自己的大脑充分发育。

7 到 14 天的宝宝

这个时期的宝宝，一次可以睡三四个小时，而且苏醒的时间和次数都增加了。白天的时候，妈妈可以多逗逗宝宝，让屋子里的光线尽量明亮一点；夜晚的时候，应该让屋子里的光线尽量暗淡下来，并尽量保持家里安静，慢慢引导宝宝区分白天和黑夜。

出生 20 到 30 天的宝宝

20 到 30 天的宝宝平均每天要睡 18 到 20 小时，虽然白天仍然要睡上三四觉，但是夜间的睡眠时间远远大于白天。为了宝宝的身体发育，妈妈最好定时定量给宝宝喂奶，夜间也不例外。虽然现在宝宝可以区分白天和黑夜，但是妈妈还是要尽量顺应宝宝的生活习惯，不要把大人的生活规律强加给宝宝。

总之，随着宝宝的成长，睡眠的时间也会渐渐变短。但是由于宝宝的身体状况、营养状况都有区别，所以每个宝宝的睡眠习惯也有很大的差异。刚出生的宝宝只要睡得好，吃得好，玩得开心，眼睛明亮，就是健康的好宝宝。

三、1 到 3 个月宝宝的睡眠习惯

老祖母们常常会说:"宝宝多睡觉,才能长大高个儿。"这句话完全正确。充足的睡眠,不仅能够保证宝宝的身体健康,而且能够促进宝宝的智力发育。

1 到 3 个月的宝宝睡眠时间逐渐减少,正是建立规律睡眠的重要时期。妈妈应该怎样引导宝宝养成良好的睡觉习惯呢?

让宝宝学会区分白天和夜晚

1 到 3 个月的宝宝大部分的时间仍然在睡觉,但此时的宝宝已经隐约有了白天和黑夜的意识。妈妈晚上起来给宝宝喂奶、换尿布的时候,不要逗宝宝玩。坚持几天,宝宝就会养成白天玩、晚上睡的习惯了。

贴心提示:

如何让宝宝学会自己入睡?

妈妈们应该怎样做,才能让宝宝养成自己入睡的习惯呢?

很多老年人会告诉年轻的妈妈,等宝宝吃饱了,打了嗝之后,就把宝宝抱在怀里,拍着、哄着,或者把宝宝放在摇篮里轻轻地晃,等一会儿宝宝就睡着了。这种办法的确可以让宝宝快速入睡，但是过不了几天，妈妈就会发现，没人哄着、晃着的时候，宝宝即使困了，也睡不着，个别的宝宝还会大哭大闹。

为了培养宝宝自己入睡的习惯，妈妈最好在宝宝已经困倦，但是还没有睡着的时候，就把宝宝放在小床上面，小床最好放置在背光的地方，因为宝宝在妈妈黑暗的子宫里面待习惯了，突然来到明亮的环境当中，自然会兴奋得睡不着。如果宝宝因为没人逗他，或者没人哄他而哼哼唧唧，甚至哭起来，可以先"晾"他一下，等宝宝觉得没意思了，自然就会安静下来，然后沉沉睡去。

1 到 3 个月是宝宝建立良好睡眠习惯的关键时期。在这个时期，如果爸妈不能"狠"下心来培养，那么今后就要花费好几倍的力气让宝宝入睡了。

四、3 到 6 个月宝宝的睡眠规律

3 个月之后的宝宝，大脑发育日趋完善。但是对于 3 到 6 个月的宝宝来说，睡眠仍然是生活的头等大事。这个时期的宝宝，睡眠到底有什么规律呢？

人类的睡眠分为三个阶段：第一阶段是浅度睡眠阶段，这时候眼球迅速转动，而且大脑也处在一种比较活跃的状态，做梦往往是在这个时期发生的；第二阶段是深度睡眠阶段，这个时候眼球缓慢转动或者不转动；第三阶段是瞌睡阶段，是睡眠和清醒的中间地带。

3 到 6 个月的宝宝的睡眠往往分为瞌睡、浅睡和深睡三个阶段，下面就让我们一起看看这三个阶段各有什么特点。

1. 瞌睡

瞌睡的情况往往发生在入睡前或者刚睡醒。当宝宝的眼睛微合，神情木讷时，就是宝宝在瞌睡了，而且入睡前的瞌睡往往会伴随着宝宝不爱活动的现象出现。这个时候，妈妈可以把宝宝放到小床上，放一段胎教时期的音乐，宝宝就会感觉像回到妈妈的肚子里面一样安全，很快就会进入甜蜜的梦乡了。如果瞌睡发生在宝宝即将醒来的时候，宝宝会噘嘴、微笑或者皱眉，有的时候小胳膊小腿还会抽动几下，如果这时妈妈把宝宝抱起来，宝宝就会因为没有睡好觉而哭闹。

2. 浅睡

浅睡阶段的宝宝，往往气息会有些错乱，而且眼球常常会在眼皮下面迅速转动。虽然闭着眼睛，但是脸上会出现皱眉或者微笑的表情，偶尔会转转身，个别的时候小胳膊小腿还会动一下。如果宝宝在这种时候受到惊扰，会立刻大哭起来。

3. 深睡

深睡的时候，宝宝的全身变得软绵绵的，呼吸也会变得很慢，眼球转动的现象会减少或者消失，除了偶尔咂咂嘴之外，没有其他动作。深睡的宝宝，即使被轻轻搬动，也不会被惊醒。即使偶尔哼哼两声，甚至哭两声，妈妈也不必过度紧张，因为很快宝宝又会安静入睡了。

大多数 3 到 6 个月的宝宝睡眠会很有规律，这个时候，妈妈应该尽量让宝宝白天少睡，晚上多睡，培养宝宝良好的睡眠习惯。

五、宝宝睡觉时为什么会笑

宝宝在睡觉的时候，即使没人逗弄，脸上也往往会浮现出微笑，这到底是怎么回事呢？宝宝睡觉微笑的时候，妈妈应该怎么办呢？

宝宝睡梦中露出的微笑可以分为两种：自发性微笑和梦中的微笑。

自发性微笑

宝宝在瞌睡和深睡的时候，脸上常常会出现一闪而过的微笑。这种微笑只是一种纯粹的肌肉抽动，没有任何感情意义。老奶奶们常常称这种微笑为"睡笑"或者"神笑"。

梦中的微笑

随着宝宝一天天长大，睡眠当中的微笑次数也会逐渐增加，宝宝不但会在睡梦当中发出笑声，有的时候还会叹气甚至突然睁开眼睛，四处看看，又进入睡眠。这说明宝宝正在做着春秋大梦，妈妈不用管宝宝，让他继续做梦就好了。

宝宝睡梦中笑，妈妈怎么办？

宝宝睡眠当中露出的任何表情，都说明宝宝睡得太舒服了，只要宝宝不会磕到、伤到自己，妈妈就不用干涉。否则，不但会引起宝宝的大哭大闹，妈妈也会疲惫不堪。

六、睡梦中的宝宝为什么会哭醒

如果宝宝常常在睡梦当中哭醒，最大的原因是缺钙。如果在及时补充钙质之后，宝宝仍然会半夜哭醒，那就往往是由以下几种原因造成的：

睡前受到惊吓

这时候的宝宝特别容易受到惊吓，而且恐怖的印象会深刻地印到宝宝的脑子里。如果宝宝在白天看到了巨大的动物，或者听到了很大的声响，宝宝就会神经紧张，一脸恐怖。到了晚上，特别难以入睡，即使睡着了也会哭醒。这个时候，妈妈就要跟宝宝多多亲热，让宝宝感觉到，妈妈时刻在他身边，给宝宝充足的安全感。

白天或睡前过于兴奋

如果宝宝在睡眠之前玩儿疯了，也会让宝宝在睡梦当中哭醒。其实这个时候宝宝往往是"累"得哭，妈妈只要轻轻摸摸、拍拍宝宝，让他安静下来就好了。

饥饿性夜间哭泣

如果妈妈的奶水很少或者乳头内陷，就常常会导致宝宝因为吃不饱而饿醒。而且饿醒的时候宝宝常常会边哭边吮手指、啃小拳头。这个时候妈妈只要给宝宝喂奶就可以了，如果奶水不足，可以给宝宝添加奶粉或者其他的辅食，这就可以有效避免宝宝在夜间饿醒了。

身体不适引起夜间哭醒

如果宝宝在睡梦中突然发出尖厉的哭声，而且抚摸、拍打、吃奶通通无效，这就说明宝宝可能是生病了，爸爸妈妈应该赶紧带宝宝到医院检查。

尿布的问题

如果宝宝的尿布过紧或者湿了，也会导致他们放声大哭。这个时候，妈妈只要及时更换尿布，就可以让宝宝安然入睡了。

环境的变化

初生的宝宝特别敏感，一旦环境稍有变化，就会让他们难以入睡，即使勉强入睡，也会在半夜哭醒。在新环境中，妈妈要尽量多陪伴宝宝，让宝宝感到妈妈时刻在他身边，就可以缓解这种现象。

不管是何原因引起宝宝在梦中哭闹，只要爸爸妈妈能够认真观察宝宝的情况，及时地发现问题、解决问题，就可以让宝宝拥有高质量的睡眠，从而健康、快乐地成长。

第二节　揭秘半岁到一岁宝宝的睡眠语言

半岁到一岁宝宝的睡眠习惯基本已经开始定型，这个时候很多宝宝喜欢和妈妈一起睡，那么宝宝和妈妈一起睡到底好不好呢？为什么很多宝宝睡着了也要吃奶呢？为什么有时妈妈好心把宝宝叫醒喂奶，宝宝却会大哭大闹呢？半岁到一岁的宝宝到底会不会做梦呢？为什么有的宝宝睡觉的时候会抽动呢？宝宝醒来时候的表情又意味着什么呢？现在让我们来一一揭开谜底。

一、宝宝和妈妈一起睡到底好不好

半岁以后的宝宝，在睡觉的时候，必须经历一个浅睡的阶段，才能真正地沉沉睡去。这个时候的宝宝，出于对自己的保护本能，往往会对周围的东西产生莫名其妙的恐惧感。黑暗的夜晚，宝宝一个人躺在床上，难免会感觉孤独和恐惧，只有在熟悉的被子里，被最亲切的妈妈搂着，才能安心睡着。宝宝和妈妈一起睡到底好不好呢？

宝宝睡得好

宝宝一夜会经历好几次从深度睡眠进入浅度睡眠的过程，如果在这个阶段，宝宝感到恐惧、不安，就会难以入睡，甚至大哭大闹。如果妈妈在宝宝身边，就等于给宝宝吃了一颗定心丸。

妈妈睡得好

妈妈和宝宝在一起睡觉的时候，不用担心孩子因为远离自己有可能受到伤害，精神上可以得到充分的放松。而且由于宝宝睡得好，自然减少了妈妈半夜起来的劳碌。所以，很多和宝宝一起睡的妈妈说，虽然她们半夜时时照顾宝宝，或者有的时候要为宝宝喂奶，甚至担心自己会压到、碰到宝宝，但是第二天醒来的时候，却感觉很有精神。

夜间哺乳更方便

妈妈和宝宝有一种天生感应，妈妈常常会在宝宝饥饿之前醒来。妈妈跟宝宝一起睡，能让夜间哺乳变得更加方便和及时，可以避免宝宝因为饥饿而又哭又闹。而且由于跟宝宝一起睡的妈妈精神放松，所以分泌的乳汁也会大大增加，乳汁质量也会大大提高。这样，不但宝宝吮吸起来容易，还能够吸收更多的营养。

宝宝和妈妈一起睡，不但有利于宝宝的身体健康，还可以让妈妈和宝宝的感情更加融洽，所以妈妈们就不要再犹豫了，和宝宝一起睡吧。

二、睡眠被打断，宝宝会抗议

很多妈妈为了宝宝的身体健康，会在宝宝睡觉的时候，把宝宝叫醒喂奶或者洗澡，但是，这样做往往导致宝宝大哭大闹。为什么妈妈的好心却不能得到宝宝的积极响应呢？

喝夜奶

很多有经验的人会误导妈妈，那就是：半夜一定要起来给宝宝喂奶，不然宝宝会营养不够。所以很多年轻的妈妈在宝宝已经熟睡的时候，会硬生生地把宝宝叫醒喂奶。其实，很多宝宝2个月之后就不用吃"夜餐"了，这时候的宝宝，可以一觉平稳地睡到天亮，如果妈妈硬是把宝宝弄醒加餐，被扰了香梦的宝宝怎么能够不哭呢？

频繁洗澡

夏天的时候，很多妈妈因为怕宝宝长小痱子或者皮肤感染，一天要给宝宝洗好几次澡。于是，好不容易睡着的宝宝往往会被妈妈拎起来放到澡盆里。这个时候，再懂事的宝宝也会哭个天昏地暗。

贴心提示：

不要随意打断宝宝的睡眠

很多时候，妈妈出于经验的考虑，往往会一厢情愿地打断宝宝的睡眠，但是，反过来想一想，如果我们正做着春秋大梦的时候，突然被人叫起来吃东西或者被人按到水中洗澡，是不是也会大发雷霆呢？

打断宝宝的睡眠影响的不仅是宝宝的心情，还有宝宝的发育。因为宝宝只有在熟睡的时候，大脑才能分泌大量的生长激素，频繁打断宝宝的睡眠，必然影响宝宝身高和智力的发育。

即使强行被喊醒的宝宝不哭不闹，但无论是吃奶还是洗澡，都会无精打采，长此以往，必然会影响宝宝的心理健康。据心理学家统计，幼儿时期没有高质量睡眠的宝宝，长大之后患抑郁症的概率比其他人高得多。

三、宝宝做梦了

宝宝在睡觉的时候，常常会有各种各样的表情或者动作，有些迷信的老年人说，这是宝宝"中了邪"，需要吃点安神药。其实根本不必担心，宝宝睡梦中的哭哭笑笑、打打闹闹，只是说明他在做梦。那么做梦对宝宝的身体健康有没有影响呢？

一般情况下，做梦对宝宝的身体健康没有任何影响。6个月以下的宝宝，不会对梦境有任何的记忆。6个月到1岁的宝宝，虽然能够记住梦中的情景，但是不能描述梦中的情景。1岁以上的宝宝就可以告诉妈妈自己到底梦见了什么。

有的时候，宝宝会突然从梦中惊醒，有时还会大哭大闹，这是因为被恐怖的梦境吓坏了。妈妈一定要及时地抚摸、拍打宝宝，让宝宝知道，最亲近的人就在身边。等宝宝平静下来，妈妈应该继续安慰宝宝，或者喂宝宝点奶吃，这样宝宝就能很快重新入睡了。

宝宝做梦并不可怕，如果宝宝很少做梦甚至不做梦，反而说明宝宝在智力方面存在缺陷。但如果是持续性或者长时间的噩梦，尤其宝宝从睡梦当中醒来之后，总是长时间地哭闹，爸爸妈妈就要提高警惕了。如果宝宝没有任何疾病，就是因为宝宝在清醒的时候，承受了太多的烦恼和恐惧，这时候爸爸妈妈应当细心观察宝宝，消除一切不利因素，就可以让宝宝睡个好觉了。

四、宝宝睡着了，还会要奶吃

有些妈妈，唯恐宝宝营养不够，即使宝宝睡着了，也会把宝宝

叫醒喂奶；有些妈妈，怕影响宝宝睡眠，想方设法阻止宝宝睡着之后吃奶。宝宝睡着之后要奶吃到底是好是坏呢？

大多数宝宝在 2 岁之前，睡着后都会要奶吃，有的甚至要吃五六次。虽然睡着之后喂奶会影响宝宝和妈妈的休息。但是如果不给宝宝奶吃，宝宝就会连哭带闹，吵得全家不得安生。为什么宝宝睡着之后还要吃奶呢？怎样才能让妈妈喂奶的时候不那么累呢？就让我们一起来看看答案吧。

宝宝睡着之后仍然要奶吃的原因

不同阶段的宝宝睡着之后吃奶的原因也不同。0 到 3 个月的时候，宝宝几乎可以说是在"疯长"，这个时候宝宝需要大量的营养，但是胃容量又太小，所以只能以"少量多餐"来满足身体生长发育的需要了。3 到 6 个月时，宝宝的消化系统完善了很多。每次可以吃下更多的奶，次数自然会减少。半岁以后的宝宝睡着后需要吃奶的次数再次增加，有的表现为夜间吃奶的次数更多，有的虽然没有增加吃奶的次数，但是吃奶的时间变长了。宝宝半夜要吃奶，排除饥饿、口渴的原因之外，还会因为缺乏安全感以及身体不舒服要吃奶，这说明宝宝睡着后需要妈妈喂奶不仅有生理因素，还有自身的心理因素。

以正确的方式给宝宝喂奶吃

有些妈妈怕孩子哭闹影响自己的睡眠，就让宝宝含着奶头或者奶嘴睡觉，这种办法很不可取。不但不能让宝宝养成良好的吃奶习惯，而且会影响宝宝牙齿的生长，有的时候还会让宝宝呼吸不畅甚至导致窒息。

宝宝在睡着后仍然需要喂奶，大多数情况下属于正常生理反应，妈妈要正确对待宝宝的这一独特行为，不要限制宝宝在夜间吃奶，也不要给宝宝制定喂哺时间，不要把书本上的哺乳规律强行加到宝宝身上。更不要担心睡着后给宝宝喂奶会导致宝宝出现不良行为习惯。事实证明，只有及时满足宝宝身心发育需要，才能保证宝宝健康发育。

五、睡着的宝宝也"好动"

很多宝宝在睡着的时候，常常会出现一些奇怪的动作或者表情，这到底是怎么回事呢？

"好动"的表现

由于宝宝的神经系统并没有发育完善，所以在大多数情况下，宝宝的睡眠往往是浅度睡眠。我们不难发现，虽然闭着眼睛，但是宝宝的眼珠在眼皮之下滴溜乱转，偶尔还会微笑或者皱眉，有的时候还会睁开眼睛四处看看，然后闭眼，继续睡觉。等宝宝再长大一点儿，宝宝在睡梦中除了翻身、转头之外，还会哭闹、说梦话。但是宝宝的这些动作都是没有意识的，即使睁眼也看不见什么。

面对"好动"的宝宝，爸爸妈妈不能这样做

如果宝宝在睡觉时，出现各种行为和动作，爸爸妈妈千万不要以为宝宝在生病，更不要把宝宝抱起来检查，这样只会把宝宝惊醒。有的时候，宝宝在睡梦中会做出吸吮的动作，这时妈妈千万不要给宝宝喂奶，以免呛到宝宝。

面对"好动"的宝宝，爸爸妈妈可以这样做

当宝宝睡梦当中出现一些动作或者表情的时候，爸爸妈妈可以这样做：

只要宝宝不哭，妈妈就不用碰宝宝；如果宝宝哭了，妈妈可以轻轻拍拍宝宝，宝宝就会恢复平静。

当宝宝在睡眠中出现各种动作的时候，爸爸妈妈不要立即就去看宝宝，可以先安静等待一会儿，一般宝宝都可以进行自我调节，重新进入睡眠。

如果宝宝在做梦的时候又哭又叫，妈妈可以看看宝宝有没有发热或者其他疾病症状，如果都没有，那就把宝宝轻轻放下，让他继续睡觉就好了。

六、宝宝醒来时的表情语言

宝宝在睡眠状态下，大多数时候眼睛是闭着的，即使睁开眼睛，

身体和面部的肌肉也是柔软而松弛的。这时候妈妈不要轻率地把宝宝叫醒，否则会引起宝宝的哭闹。宝宝真正醒来的时候，他的表情是不同的。那么应该怎样判断宝宝到底是不是醒了呢？

高兴地笑

宝宝如果睡醒了，就会冲着妈妈高兴地笑，同时嘴里哼哼唧唧地，还会高兴地伸胳膊蹬腿。这表明宝宝这次睡得很好，很满足。

吸引父母注意而哭闹

如果宝宝睡醒后，看不见爸爸妈妈，就会感到寂寞、恐惧。进而用大哭来吸引爸爸妈妈过来陪伴他。这个时候妈妈可以把宝宝抱起来检查一下，如果宝宝拉了或者尿了，就给宝宝清理干净。如果宝宝一切正常，只是纯粹为了吸引爸爸妈妈的注意力而哭，只要轻轻拍拍宝宝就好了。

口渴或饥饿的哭泣

如果宝宝睡醒之后连哭带闹，怎么安慰也不行，而且哭的时候嘴唇一张一合，好像在吞咽什么东西一样，那就表示宝宝饿了或者渴了。但是不能马上就喂宝宝奶吃，要先喂一点温开水，再喂母乳或者牛奶等食物。尤其要注意的是，宝宝睡醒后，绝对不能吃太冷的东西，否则会刺激到娇嫩的肠胃。

惊吓的哭闹

有的宝宝往往会又叫又跳地醒来，而且面色惨白，坐稳之后就会放声大哭。这是因为宝宝在睡梦中受到了惊吓。这时候妈妈最好马上把宝宝抱起来，轻轻地拍打、抚摸宝宝，同时要轻声细语地安慰宝宝，使宝宝尽快地平静下来。

第三节　一岁到一岁半宝宝，用睡眠语言表达身体状况

虽然一岁到一岁半的宝宝，睡眠时间已经大大缩短，但是睡眠状况同样能体现出宝宝的健康状况。宝宝为什么不肯睡觉呢？为什么宝宝的睡眠时间会黑白颠倒呢？为什么熟睡的宝宝会从床上滚下来呢？作为一个母亲，你知道婴儿猝死综合征是怎么回事吗？你知道怎样睡，宝宝才会更聪明吗？

一、宝宝为什么不肯睡觉

跟一岁之前相比，一岁到一岁半宝宝的睡眠时间大幅度减少，而且宝宝白天基本上不用睡觉。可是另外一个让爸爸妈妈头疼的问题又出现了，那就是，明明到了该睡觉的时候，可宝宝就是不肯睡

觉。出现这种情况主要有以下几个原因。

1. 宝宝和爸爸妈妈玩"疯"了

如果宝宝在睡觉之前和父母长时间玩耍，就会导致宝宝只想尽情玩下去，不肯睡觉。想解决这个问题，就需要爸爸妈妈注意把握时间。差不多到了宝宝睡觉的时候，就别逗宝宝玩了。如果一不小心就玩到了宝宝睡觉的时间，可以选择一些轻柔的音乐放给宝宝听，或者给宝宝讲一些小故事，慢慢宝宝就会睡着的。

2. 睡眠时间黑白颠倒

有的宝宝白天睡得特别踏实，但是到了晚上就十分精神。一般情况下宝宝可以通过自己调节把生物钟调整到正常的时间。如果宝宝连续一星期"颠倒黑白"，就要引起妈妈的注意了。想纠正宝宝混乱的睡眠时间，可以白天多陪宝宝玩一会儿；或者在晚上睡觉之前，给宝宝洗个舒服的热水澡。只要坚持这样做，过不了几天，宝宝就会恢复正常的作息。

3. 对外界的强烈好奇心让宝宝无法入睡

一岁到一岁半宝宝的大脑基本上已经发育成熟，很多事物会让宝宝兴奋不已，例如五颜六色的玩具、散发香味的水果、周围的家具、天花板上的吊灯……宝宝想看所有的东西，想摸所有的家具，除非累得睁不开眼，不然是不会心甘情愿地闭上眼睛睡觉的。

4. 睡眠环境的改变让宝宝难以入睡

一岁多的时候，习惯跟妈妈一起睡的宝宝，需要开始独自睡了，这时候的宝宝常常会因为离开父母而烦躁不安。此时，最重要的是让宝宝听见爸爸妈妈的声音，让宝宝明白，爸爸妈妈时刻在自己身边，这样宝宝就会安心入睡了。

贴心提示：

如何让宝宝安睡？

首先要给宝宝一张温度合适、空气清新、被褥厚薄合适的小床，灯光不能太明亮；同时，为宝宝建立正常的生物钟，睡觉之前不要做太剧烈的游戏；爸爸妈妈也不要在晚上呵斥宝宝，以免宝宝担惊受怕，无法入睡。

二、睡着的宝宝为何滚下床

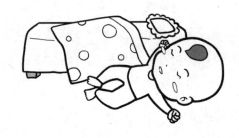

宝宝在 1 岁之后，就可以抓住扶手或者独立地走路了。随着宝宝的运动能力越来越强，宝宝在睡梦中的动作也会越来越大，不但会在睡觉的时候摇头、踢腿，还会翻身，个别的时候甚至会从床上滚落。宝宝为什么会从床上掉下来呢？

宝宝掉下床的原因

（1）许多宝宝的婴儿床护栏很低，有的干脆没有护栏，宝宝睡觉的时候，动作稍微大一点儿，就会掉下床来。

（2）被子过厚，或者穿的衣服太硬、太紧，都会让宝宝全身难受，翻来滚去，一不小心，就会掉下床来。

（3）宝宝白天兴奋过度，晚上睡着之后大脑过度兴奋，导致睡眠不深，伴随睡觉时候的翻滚而摔下床来。

（4）宝宝睡觉之前吃得太多，睡着之后肚子特别难受，自然会翻来覆去。翻滚的次数多了，就会掉下床了。

摔下床的后果

宝宝摔下床，最轻的后果就是哇哇哭几声，哄哄就可以了；稍微严重一点则摔个鼻青脸肿。个别的宝宝甚至会摔断脖子，虽然送到医院可以抢救过来，但最终还是会落个痴痴呆呆的毛病。

贴心提示：

如何预防宝宝摔下床？

（1）在宝宝的床边加上护栏，而且每根栏杆中间距离要尽量短。只有这样，才能既防止宝宝翻身摔下来，又能避免宝宝在睡觉的时候头部卡在两根栏杆之间。

（2）在宝宝床边和床下的地板上铺上软垫。即使宝宝一不小心翻身摔下来，也不会受到太严重的伤害。

（3）把宝宝床铺四周的杂物清理干净，尤其是带有尖角的东西。如果婴儿床附近有坚硬的家具，应该给这些家具包上软布，或者在家具的转角上面加上软垫，防止宝宝摔下来被家具磕伤。

（4）宝宝跟爸爸妈妈一起睡的时候，应该让宝宝睡在爸爸妈妈的里面，如果父母临时离开，一定要用柔软的东西把宝宝挡好。

（5）睡前不要让宝宝过度兴奋，更不要让宝宝吃太多的东西，这可让宝宝迅速、安静地进入睡梦当中。

（6）一岁到一岁半的孩子，尽量不要用摇篮，以免失去平衡，造成伤害。

三、警惕婴儿猝死综合征

婴儿猝死综合征是指婴儿突然死亡的病症，这种病症多发于一岁左右的婴幼儿，而且无法通过尸检找到死因。由于此病症一般发生在半夜到凌晨这一段时间，而且患有此病的婴儿大多数都是在睡眠时发生死亡，所以这种疾病又被称为"摇篮死亡"。婴儿猝死综合征到底是怎样造成的呢？应该怎样预防呢？

婴儿猝死综合征往往与下列因素有关：比如宝宝大脑先天发育不良、免疫系统发育不良、新陈代谢紊乱以及呼吸道感染、堵塞都有可能造成宝宝在睡眠的时候呼吸不畅、心跳异常，严重的时候会导致死亡。

此外，如果父母总让孩子俯卧睡眠，或者睡眠环境通风很差，也会导致婴儿吸入大量的二氧化碳而死亡。被褥或者床垫太过柔软，也会导致宝宝因为口鼻堵塞而死亡。

贴心提示：

做好以下措施，及早预防婴儿猝死综合征的发生

（1）让宝宝仰睡。虽然仰睡也不是 100% 的安全，但是仰睡可以让宝宝呼吸得更加顺畅，避免宝宝因为缺氧致死。

（2）宝宝所使用的被褥表面必须平整坚实，而且宝宝的旁边不能放置太柔软的或者绒毛太长的东西，以免造成宝宝的口鼻堵塞。如果要使用带绒毛的毛毯，应该把毛毯边缘裹到宝宝的胸部，千万

不能遮住宝宝的口鼻。

（3）父母应该定期检查婴儿的身体，想尽一切办法增强宝宝的体质，这也可以有效地减少宝宝的死亡概率。

（4）保证宝宝睡眠环境通风良好、空气清新，尤其不能在宝宝的卧室中抽烟。

四、宝宝为什么会小睡

大多数人常常会认为小睡是懒惰、浪费时间的行为。大多数妈妈也认为宝宝没有必要小睡。一段短短的瞌睡，看似不起眼，其实能够对宝宝的学习能力和智力发展起到极大的作用。

宝宝白天小睡的好处

宝宝白天睡觉，并不意味着宝宝会在夜晚闹腾，白天的小睡，可以让一岁到一岁半的宝宝有更多的睡眠，从而促进脑部的发育和智力的发展。

不管白天还是晚上，宝宝睡觉的时候，都是他身心发育的最好时机。白天的小睡，可以使宝宝的精神状态一整天都保持在最佳的水平。晚上的小睡可以避免宝宝精神过于恐惧和紧张，有利于宝宝的身心健康。同时，宝宝白天睡觉，可以让爸爸妈妈更加自由，让爸爸妈妈有更多的时间处理家务和工作。

各个时段的小睡的作用

各个时段的小睡都有不同的作用，大多数宝宝一般白天会有两次睡眠，即清晨的小睡和下午的小睡。尤其是清晨的小睡，对于宝宝的大脑发育有着极其重要的作用，所以清晨的时候，一定要保证宝宝有充足的睡眠。

宝宝一般具有固定的小睡时间，如果错过了某次小睡，可以让宝宝提前进入下一次小睡，如果宝宝实在特别困倦，可以将下一次小睡的时间提前。如果妈妈阻止宝宝小睡，宝宝一整天会没精打采，甚至心烦气躁。而如果宝宝长期缺乏睡眠，必然引起宝宝的过度敏感，无法集中注意力，以至于经常大哭大闹。所以说，小睡对于宝宝的重要性不可小觑，千万不能忽略。

五、怎样睡宝宝更聪明

浅睡让宝宝变得聪明

浅睡和深睡对于宝宝有不同的意义。深睡的时候，身体主要是向头部提供更多的血液，可促进大脑的发育。浅睡的时候，是宝宝的大脑整理、归纳在清醒时获得的大量信息的时间。

同时，浅度睡眠可以让宝宝敏锐地感觉到自身的需要，比如渴了、饿了或是冷了、热了。如果宝宝不管什么环境、什么条件，都可以呼呼大睡，那么宝宝就会因为缺乏必要的湿度、温度和营养而发育不良，甚至导致疾病。

而且，浅睡的时候，宝宝一旦感觉呼吸困难，就会及时醒来。所以浅睡也可以有效地预防婴儿猝死综合征等病症的发生，有效地消除很多威胁宝宝健康成长的因素。

睡眠时间的长短决定宝宝是否聪明

科学家统计表明，很多孩子的学习成绩好坏跟小时候的睡眠时间长短有着密切关系。长期的睡眠不足必然会导致宝宝的思考能力减退，免疫力低下，以及内分泌紊乱等疾病，因此为了让宝宝更加健康，爸爸妈妈们不但要保证宝宝的睡眠时间，更要保证宝宝的睡眠质量。

一岁到一岁半的宝宝，至少要保证每天 10 个小时的睡眠时间，否则会严重影响宝宝的身心健康。

贴心提示：

良好的睡姿让宝宝更聪明

外国有一句俗话："小时候的睡姿，决定长大后的智商。"

根据研究人员的统计，在各种睡姿当中，趴着睡的宝宝智力发育最早、最快，仰着睡的宝宝次之，但是能在很短的时间内赶上趴着睡的宝宝。只是，趴着睡的宝宝发生窒息的危险性要远远大于仰着睡的宝宝。

所以，很多育儿专家建议，从智力发育和安全角度综合考虑，仰睡是最好的姿势，尤其是晚上，应该尽可能地让宝宝仰睡，在白天午睡或者有大人照料的时候，可以把姿势调整成趴着睡，并且宝宝的睡眠环境最好保持舒适的湿度、温度和亮度，这样才能让宝宝睡得又香又甜。

六、宝宝为什么说梦话

俗话说："日有所思，夜有所梦。"宝宝也不例外。但是经历过集体生活的人都会有这样的发现：如果一个人常常说梦话，第二天他往往会无精打采。同样，经常说梦话，对宝宝的睡眠质量也有很大的影响。爸爸妈妈应该积极了解宝宝说梦话的原因，让宝宝拥有健康的睡眠。

不必对宝宝说梦话过度担忧

大多数时候，宝宝说梦话是因为大脑发育不够健全，如果把宝宝的大脑比作一个建筑工地，在"施工"过程中，肯定避免不了"违章建筑"的出现，但是随着宝宝的发育，这些"违章建筑"会自行拆除。所以，当宝宝在睡梦当中说梦话或者有其他动作的时候，爸爸妈妈无须担心。

外界影响导致宝宝说梦话

初次来到这个世界上，很多对于成年人来说司空见惯的东西，对于宝宝来说就是稀罕之物了。这些"稀罕之物"对宝宝，是极大的刺激。而且由于宝宝的小脑袋的容量有限，消化这些刺激的能力更有限，所以晚上睡着后，会用说梦话来排遣没有消化的刺激。随着宝宝的长大，这种现象就会渐渐减少。

情绪波动

如果宝宝睡觉之前玩得太累，或者看到了一些可怕的景象、听到了一些可怕的声音，宝宝在睡着之后就可能说梦话。

鉴于此，爸爸妈妈在睡觉之前，不要让宝宝看恐怖的电视或者吓人的图画，例如老虎、魔鬼等；也不要让宝宝过于兴奋，更不要大声呵斥宝宝，以免宝宝过于紧张而说梦话。

说梦话其实并不可怕，只要宝宝说梦话的次数别太频繁，爸爸妈妈就无须担心。但是，如果宝宝长期说梦话，必然会影响身体健康和大脑发育。

所以，当宝宝说梦话的时候，爸爸妈妈可以认真倾听宝宝所说的内容，对症下药，帮助宝宝减轻压力和焦虑。

第四节　读懂一岁半到两岁宝宝的睡眠语言

一、一岁半到两岁宝宝为什么会经常半夜醒来

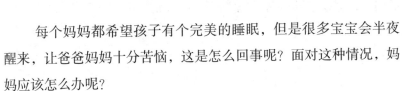

　　每个妈妈都希望孩子有个完美的睡眠，但是很多宝宝会半夜醒来，让爸爸妈妈十分苦恼，这是怎么回事呢？面对这种情况，妈妈应该怎么办呢？

　　1. 生理因素

　　我们都知道，神经衰弱的人特别难以入睡，即使入睡，稍有响动，也会被惊醒，宝宝由于神经系统发育不够完善，相当于"神经衰弱"，所以就特别容易被惊醒，等到宝宝的大脑发育完善，这种

现象自然就会消失的。

2. 环境因素

室内过于明亮，或者旁边有人大声说笑，都会干扰宝宝睡眠，导致宝宝易于惊醒；有的老年人生怕宝宝着凉，给宝宝盖得被子又多又厚，会让宝宝烦躁不安，也容易在半夜惊醒。

3. 疾病因素

很多疾病如肠道的寄生虫、佝偻病、缺钙等，也会引起宝宝睡觉不踏实。

4. 兴奋过度

如果宝宝在睡前情绪波动过大，例如过于兴奋、恐惧，也会造成宝宝在梦中惊醒。

5. 过饱进食

有的妈妈生怕饿着宝宝，睡觉之前总要给宝宝喂很多东西，大人吃得太饱都睡不着，何况孩子呢？更有甚者，宝宝醒了，妈妈却以为宝宝饿了，又给宝宝喂奶吃，越吃越撑，越撑越醒，造成了恶性循环。

6. 夜间排尿

宝宝常常会被半夜的尿意惊醒，但是尿完之后大多会安然入睡。但是，如果尿布吸湿性差，或者尿布捆得过紧，则会让宝宝睡不好。

怎样才能让宝宝睡个安稳觉呢？

如果你家里有个精力充沛的宝宝，那就在白天让宝宝多多的玩耍，到了晚上，宝宝自然就会安静下来。睡觉之前不要让宝宝吃太多东西，更不能让宝宝过分的激动。爸爸妈妈要想办法为宝宝创造一个安静的睡眠环境，如果宝宝频频夜间醒来，爸爸妈妈就要带宝宝去医院检查，看看是不是疾病导致宝宝不能睡好觉。

二、有时宝宝的哭喊，妈妈不用太担心

新妈妈最怕的就是宝宝的哭喊了，但是，很多新妈妈不知道，宝宝有些哭喊，是不用太过担心的。

宝宝只是暂时的急躁

很多情况下，宝宝的哭闹，不是因为渴，也不是因为饿，更不是因为身体不舒服，只是因为暂时的急躁。暂时急躁引起的哭闹到底是怎么样的呢？一般情况下，宝宝会突然大哭，过一会儿就会停下来，休息一下，接着哭闹。这种现象一般会持续 10 到 30 天，过了这个阶段，宝宝就开始学着发声了。面对宝宝的暂时急躁，妈妈只要想办法了解宝宝的意思就好了。

宝宝哭泣的时间

大多数时候，宝宝会持续 1 到 4 个小时的哭闹。如果宝宝生病了，哭闹的时间要比平时久一点。如果宝宝从来不哭不闹，反而不是好事，那说明宝宝身体存在疾病或者智力发展存在缺陷。

大多数宝宝在 2 个月左右，才开始流眼泪。眼泪不但可以滋润宝宝的眼球，还可以杀灭宝宝眼睛内的细菌，很多微小的杂物也可以被眼泪冲刷出来。所以，宝宝流泪是一种自我清洁的过程。

贴心提示：

如果妈妈犯了以下错误，就很可能导致宝宝常常没完没了的哭闹

（1）自己太紧张，引起宝宝哭闹

——可是，无论宝宝跟着紧张的妈妈，还是平静的老祖母，都会哭闹。可见，妈妈的情绪不是引起宝宝哭闹的主要原因。

（2）认为哭泣可以提高宝宝的肺活量

——适度的哭泣可以提高宝宝的肺活量，但是过度、频繁的啼哭只会让宝宝血压升高、心跳加快，危害宝宝的健康。

（3）认为宝宝哭的时候就去哄他，会惯出宝宝一身坏毛病

——事实上，适时、适度对宝宝拥抱只会带给宝宝安全感。

三、宝宝为什么睡不安稳

很多宝宝早晨会早早醒来，其他时间也是稍有响动就会醒来，为什么宝宝睡不安稳呢？

宝宝有很长的浅度睡眠时间

从前文当中，我们已经知道了浅度睡眠和深度睡眠的含义了。

成年人往往会迅速进入深度睡眠阶段，但是宝宝却是先进入长时间的浅度睡眠，再进入深度睡眠阶段。如果宝宝总是在浅度睡眠阶段就被惊醒，自然不能有深沉的睡眠。

深浅度睡眠频繁交替让宝宝无法安稳入睡

随着宝宝年龄的增长，宝宝自然会学会如何从浅度睡眠进入深度睡眠。但是一夜当中，宝宝会经历很多次深浅度睡眠的交替。也就是说，一夜当中宝宝有多次处于浅度睡眠的阶段，自然特别容易惊醒。

很多父母可能会埋怨，宝宝的这种特殊的睡眠机制，往往会让新手爸妈疲惫不堪，但是，正是这种特殊的循环机制，让宝宝的神经系统得到了良好的保护和发育。只要把握宝宝睡眠的规律，让宝宝迅速进入睡眠状态并非难事。

四、夜间育婴，如何与睡眠中的宝宝交流

很多育婴论坛上会有这样的帖子："天惶惶，地惶惶，我家有个夜哭郎，过往网友念三遍，一觉睡到大天亮。"虽然这只是一句戏言，但是我们不难得知，很多宝宝会在半夜哭着醒来。爸爸妈妈面对"夜哭郎"应该怎么办呢？怎样才能防止宝宝成为"夜哭郎"呢？

夜间育婴应该注意以下几点

（1）每当宝宝哭了，大多数妈妈会认为宝宝饿了，便立刻抱起宝宝喂奶。虽然妈妈是一片好心，但是这样极易让宝宝养成半夜吃奶的习惯。如果宝宝确实是因为半夜饥饿而哭闹，妈妈要注意保持房间的安静，而且喂奶的动作不要过大。事后妈妈一定要想法减少喂奶的次数，不能让宝宝养成夜间吃奶的习惯。

（2）很多妈妈为了避免宝宝夜间吃奶，会在睡前给宝宝多喂一点奶，但是，积食、上火或者晚上吃得过多、过快、过饱，同样也会让宝宝变成"夜哭郎"。如果宝宝醒来的时候，肚子很胀很鼓，就说明宝宝是被喂了太多的东西。爸爸妈妈可以给宝宝吃点健胃消食片，或者给宝宝喝点山楂茶。

（3）晚上需要喂奶或者换尿布的时候，尽量让宝宝处于迷迷糊糊的状态。让宝宝吃完奶或者穿上新尿布之后，很快就能入睡。新手爸爸妈妈最好给宝宝穿上吸水性好的尿不湿，这样就会避免宝宝因为尿布潮湿而半夜哭闹了。

贴心提示：

面对夜哭郎不要做什么？

（1）当宝宝夜间哭闹的时候，爸爸妈妈千万不要立即过去又哄又抱，可以耐住性子，等待几分钟。很多情况下，宝宝会在夜间醒来几分钟之后，又自然入睡。

（2）如果宝宝持续地哭闹不停，爸爸妈妈可以检查一下，只要宝宝没有生病，轻轻拍拍宝宝就可以了。千万不要宝宝一哭就逗他或者喂他，以免把宝宝惯成"夜哭郎"。

五、妈妈的身体是宝宝的安睡依靠

很多宝宝睡觉的时候，喜欢紧紧靠着妈妈，还要拉着妈妈的手或者摸着妈妈的头发，才能安然入睡。一旦半夜醒来，发现妈妈不在身边，就会变成"夜哭郎"。而且即使宝宝长大，这种情况也不会有所改善，为什么会这样呢？

为什么宝宝睡觉时会过度依赖妈妈？

宝宝在睡觉的时候过度依赖妈妈，说明宝宝十分缺乏安全感。有些事情，在大人眼中无所谓，却能给宝宝带来很大的刺激。例如，床铺或者卧室的改变、妈妈的远离，都会在宝宝的脑海里留下深刻的印象。所以宝宝会习惯于依赖父母，尤其是妈妈，特别是在夜间睡觉的时候，这种现象更加明显。这是因为很多宝宝都会因为夜间黑暗而感到害怕，只有能够随时感到爸爸妈妈的存在，时时能摸到爸爸妈妈，宝宝才能放心睡去。

孩子对妈妈的依赖有不同的表现，有些宝宝喜欢抓住妈妈的手睡觉，还有的宝宝喜欢摸着妈妈的乳房睡觉等。而且每个宝宝持续的时间也不一样，大多数宝宝在二三岁的时候，这种现象就会消失，但是不少宝宝会持续到 4 岁甚至更长的时间。

贴心提示：

怎样让宝宝养成良好的入睡习惯？

爸爸妈妈可以从以下几个方面进行尝试，一步步地帮助宝宝找回安全感，改变入睡的习惯。

（1）如果宝宝因为摸不到妈妈而哭闹，妈妈可以陪伴宝宝一小段时间

如果宝宝半夜因为摸不到妈妈而哭闹，妈妈千万不要对宝宝发脾气，而是应该和宝宝安静地待一会儿。可以点燃一盏小灯，但是灯的亮度不要超过一支蜡烛的亮度，否则也会让宝宝兴奋。等到宝宝睡着之后，妈妈就可以关灯离开了。

（2）告诉宝宝，他摸妈妈会让妈妈不舒服

将近 2 岁的宝宝，完全可以明白妈妈的话，所以，妈妈可以把自己的不舒服直接告诉宝宝：妈妈不能翻身、妈妈睡觉很累而且要提心吊胆，生怕压到宝宝。

（3）白天的时候，多拥抱和抚摸宝宝

宝宝喜欢摸着妈妈睡觉，也反映宝宝存在"皮肤饥渴"，妈妈可以在宝宝清醒的时候，尽可能多的抚摸、拥抱宝宝，给宝宝更多的呵护和关爱。

六、宝宝睡不好，也许是没吃好

如果宝宝经常半夜醒来，妈妈应该带宝宝去医院检查一下。如果可以排除寄生虫等疾病，那最大的原因就是——宝宝没有吃好。

肚子不舒服导致宝宝睡不好

很多爸爸妈妈出于对宝宝的爱，会把自己爱吃的东西喂给宝宝吃。但是，爸爸妈妈没有想到，由于宝宝的肠胃发育不够完善，自己爱吃的美味有可能成为宝宝的毒药。

给 1 到 2 岁的宝宝准备的饮食，一定要细、软、清淡。尽量不要给宝宝吃固体食物，而且要给宝宝多喝水。睡前半个小时一定不要喂食物，水也要少喝。

吃了太多东西导致宝宝睡不好

很多爸爸妈妈生怕宝宝营养不良，千方百计让宝宝多吃东西，结果造成宝宝腹胀而睡不好。

为了避免出现这种状况，爸爸妈妈一定要注意，不要一次给宝宝吃太多的东西，也不要频繁喂宝宝吃东西。只有这样，才能让宝宝在睡觉的时候，肠胃轻松，睡眠质量也会大大提高。

饥饿让宝宝睡不好

很多宝宝喜欢边吃边玩，所以一顿饭吃很长时间，却吃不了什么东西。还有很多宝宝喜欢吃零食，零食吃多了，正餐自然吃不下东西，吃不饱的宝宝自然会因为饥饿而半夜醒来。

针对这种情况，爸爸妈妈应该培养宝宝良好的吃饭习惯，吃饭的时候不要给宝宝看电视，更不要陪宝宝玩，平时也不要给宝宝太多的零食吃。

只有这样，才能让宝宝养成良好的就餐习惯，不会因为饥饿而睡不好。

第五节　宝宝常见的睡眠状况

　　宝宝的睡眠状况关系到宝宝的身体健康，但是，黑白颠倒、抽搐、半夜哭闹……各种各样的状况总是干扰了宝宝的睡眠。为什么会出现这些状况呢？面对这些状况，我们应该如何应对呢？怎样才能消除这些状况，让宝宝睡得更加踏实、安稳呢？

状况一：翻身

　　很多宝宝在睡觉的时候会经常翻身，甚至打滚，很多父母会为此担心。之所以出现这种状况，是因为很多事情会让宝宝兴奋。宝宝睡着之后，虽然眼睛闭上了，但是大脑还是处在兴奋的阶段，所以才会翻身乱动。

　　宝宝的翻身滚动，不但让宝宝睡不安稳，还会给宝宝造成很多危险。

　　为了避免这种状况，爸爸妈妈不要让宝宝在睡前看太新奇的东西，也不要进行太剧烈的活动，可以放一段轻柔舒缓的音乐给宝宝听，让宝宝情绪平静，自然可以安稳入睡了。

状况二：夜间出汗

宝宝新陈代谢要比成年人快两三倍，而且大多数宝宝活泼好动，即使被放到小床上也会动来动去，入睡之后自然会出汗。大多数时候，爸爸妈妈不用对宝宝出汗过于紧张，这是宝宝身体健康的表现。

再者，很多父母生怕宝宝冻着而感冒，所以会给宝宝盖很多被子，自然会把宝宝捂得出汗；另外，有些爸爸妈妈在入睡之前往往会给宝宝吃点牛奶、巧克力之类的食品，这些食品在宝宝体内新陈代谢，会产生大量的热量，宝宝只能通过出汗来散热了。

为了避免夜间出汗的发生，爸爸妈妈应该在宝宝睡觉的时候，将卧室的温度调得低一点，在宝宝睡觉之前，最好用温水给宝宝洗个澡，这样做可以舒缓宝宝的皮肤，帮助宝宝快速睡眠。而且，尽量不要睡前给宝宝吃东西，也不要给宝宝盖太多、太厚的被子。这样，宝宝就不会在睡觉的时候出汗了。

状况三：黑白颠倒

很多妈妈会被黑白颠倒的宝宝折腾得头昏脑涨，这个时候，千万不要对宝宝发脾气，否则宝宝的神经会更加紧张，黑白颠倒的现象会更加严重，甚至还会给宝宝留下心理阴影。

面对黑白颠倒的宝宝，妈妈应该想办法安排好宝宝的睡眠时间，白天尽量减少睡眠时间和睡眠次数，下午五六点之后，不要让宝宝睡觉，到晚上七八点的时候，可以给宝宝洗个温水澡，洗完澡后，宝宝可能已经困得不行了。这个时候，千万不要惊动宝宝或者逗宝宝玩耍，只要妈妈保持室内安静和黑暗，宝宝自然会很快进入梦乡。

1到2岁的宝宝，在睡觉的时候，肯定会出现各种各样的状况，对此爸爸妈妈千万不要紧张，只要耐心观察，细心地找出原因，自然就可以解决问题。

第三章

听得懂宝宝的语言，才是读懂了宝宝的心理

宝宝从出生开始，就会发出咿咿呀呀的声音了，但是很多妈妈可能不知道，这时候的宝宝并不是单纯地练习发声。其实宝宝发出各种声音，不仅反映了宝宝的情绪，也反映了宝宝的身体状况。

第一节　半岁以下宝宝的声音语言源自天然

一、宝宝对声音的好奇心，是天然的语言启蒙

初生的宝宝胆子很小，一点点儿声音就会吓到他，因此很多长辈会将月子里母亲和宝宝的房间保持得特别安静，生怕有一点儿声音会吓到宝宝。其实，宝宝对于声音的惊恐反应都是正常的，家长没必要太紧张，让宝宝适当多听听各种各样的声音，对于宝宝的听力和智力发育都有很大的好处。

科学家研究发现，大多数宝宝喜欢轻柔缓慢、质地淳厚的声音。当宝宝听到自己喜欢的声音时，往往会面容平静，全身放松，脸上还伴随着笑容。而且由于在胎儿期的时候，宝宝每天都能听到妈妈

的心跳，所以很多宝宝喜欢有节奏感的声音。越是和妈妈心跳节奏接近的音乐，越能给宝宝带来安全感。

早点训练宝宝的听力，不但有助于宝宝听力的发展，对于宝宝的智力也有开发和启蒙的作用。

训练宝宝的听力，最好从日常生活中做起。妈妈和家里人要尽量给宝宝创造一个有声音的生活环境，尽量让宝宝多听见一些声音，例如开门、走路、流水、鸟叫、说笑等各种声音。让宝宝树立区分各种声响的意识。

除此以外，妈妈也可以给宝宝听一些轻柔、有节奏感的音乐，但是音乐不要太长，音量也不要太大。

妈妈在平时也可以多对宝宝说说话，但是声音不要太大，语气也要尽量的温柔亲切。这样，可以让宝宝具有跟其他人进行情感交流的意识。

初生宝宝听到声音时的表现

宝宝满月以后，听到突发声音的时候，往往会一愣或者猛的抖一下身子，同时，还会伴随着手脚的弹动。

如果宝宝在睡觉的时候，突然听到声音，大多数宝宝会被惊醒，接着就会哭闹起来。但是如果宝宝在哭闹的时候，突然听到声音，却往往会停止哭泣。

在宝宝大概 3 个月的时候，突发的声音往往会让宝宝紧闭双眼，挥舞双手，但是一般不会有身体的抽搐。

当妈妈打开收音机或者电视的时候，宝宝会根据自己的喜恶而转眼或者扭脸。同样，大人的说笑、歌声以及音乐声也会让宝宝显示出厌烦或者喜悦的表情。

贴心提示：

听力训练有助于发现与预防听力障碍，并且促进宝宝的语言发展

俗话说"十聋九哑"，如果宝宝的听力有问题，对宝宝的一生都会造成巨大的影响。因此尽早地训练宝宝的听力，既能尽早地发现问题，又能有效促进宝宝的语言发展。

爸爸妈妈不要刻意地把宝宝的房间弄得太安静，真实生活环境的声音是有助于促进宝宝听力发育的，但是如果声音过于嘈杂和纷乱，或者音量过大，也会对宝宝的听力造成一定程度的损害和影响。

妈妈在抱宝宝的时候，应该尽量让宝宝的耳朵贴紧妈妈心脏的部位，这样能让宝宝清晰地感受到妈妈的心跳；也可以在宝宝小床的上方系上一些可以发声的玩具，从而促进宝宝听力的发育；妈妈平时还应该多和宝宝说话，但是声音一定要温柔，态度一定要和蔼；可以常常给宝宝哼唱或者播放轻柔优美的旋律；同时，还要多给宝宝听听不同动物的声音，让宝宝学会分辨不同的动物。

如果条件有限制，可以将一些水装进瓶子里面，轻轻敲打瓶子，让宝宝分辨瓶子发出的不同的声音。

二、模仿是最好的交流方式

0 到 3 岁的宝宝身上会发生很多奇妙的变化，往往连爸爸妈妈都

搞不明白。只有与宝宝能够良好沟通的爸爸妈妈，才是合格的爸爸妈妈。这样，无论宝宝在成长过程中遇到什么问题，都可以迎刃而解。

模仿是对宝宝最好的回应

父母应该尽量地模仿宝宝发出的声音，这样，能让宝宝感觉到很有成就感。为了再次得到爸爸妈妈的回应，宝宝会更加积极地学习发声。同时，爸爸妈妈还可以发出其他的声音，等待宝宝做出回应，一步步地引导宝宝，让宝宝认识到语言对于人类沟通的重要性。

训练宝宝发声要多跟宝宝聊天

为了训练宝宝发声，爸爸妈妈可以多跟宝宝聊天。但是要选择正确的时间和正确的频率。

一般来说，睡醒之后，是宝宝最开心、最舒服的时候；还有喂奶的时候，也是与宝宝亲近的最好的时机。在这期间，爸爸妈妈可以用温柔的语调和宝宝聊天，比如"宝宝你真乖""宝宝好漂亮哦"等。同时，爸爸妈妈要用温柔的眼神注视着宝宝，并尽可能地用轻柔的声音呼唤宝宝的名字。这样的聊天一天进行两三次，每次两三分钟就可以了。

三、宝宝痛苦时会发出什么声音

宝宝哭闹往往反映了宝宝的身体状况，如果宝宝经常没有任何

原因的又哭又闹，妈妈就应该带宝宝去医院检查了。那么，怎么通过宝宝的哭声来辨别他的病痛呢？

宝宝"干打雷不下雨"

很多时候，宝宝只是张着嘴干哭，眼睛里面没有一滴泪水，甚至连表情都不会有很大的变化。这其实是宝宝在对家长撒娇，他们是想告诉大人：我很无聊、我很寂寞、快来陪我玩。遇到这种情况，妈妈应该好好地安慰宝宝，而不能大声呵斥宝宝。

宝宝嘤嘤哭泣，一会儿睁眼、一会儿闭眼

宝宝困倦的时候，会用尖锐的嗓音，无表情、无眼泪地干哭。如果宝宝这样哭，爸爸妈妈就要关上电视和吵人的音乐，最好拉上窗帘，给宝宝创造一个安静的环境，同时安慰、拍打宝宝，哄他入睡。

宝宝张着嘴巴、睁着眼睛哭

如果宝宝张着嘴巴、睁着眼睛哭，就说明宝宝饿了。为了验证宝宝是不是真的饿了，可以把一根手指放在宝宝嘴巴上面，如果宝宝真的饿了，就会转头看着手指头，有的时候还会吮吸手指头。

这种情况，一般发生在喂奶2到3个小时之后，或者虽然刚刚喂完奶但是宝宝没有吃饱的时候。

宝宝突然地啼哭

如果宝宝在高高兴兴玩耍的时候，突然就哭了起来，妈妈就应该赶紧检查一下宝宝的衣服，看看是不是尿布湿了或者是不是衣服上面有什么坚硬的东西划伤了宝宝。

宝宝因腹绞痛而哭

如果宝宝在香甜的睡梦中，突然哭闹起来，同时还伴随着弯腿的动作，这时候，妈妈就要摸摸宝宝的肚子了。如果宝宝的肚子硬

硬的，说明宝宝肚子正在绞痛。遇到这种情况，妈妈应该赶紧带宝宝去看医生。

宝宝因中耳炎而哭

如果宝宝长时间地吵闹，并且用手捂住耳朵或者不停地抓耳朵，说明宝宝很可能得了中耳炎，或者其他耳部疾病，妈妈应该赶紧带宝宝去看医生，以免延误了病情，造成耳膜穿孔。

宝宝因肠套叠而哭

如果宝宝不明原因地啼哭，尤其在弯腰或者伸展身子的时候，哭得更厉害，这说明宝宝正在遭受肠套叠病的痛苦。爸爸妈妈千万不能掉以轻心。

四、宝宝快乐时会发出什么声音

当宝宝舞动小手、不断地摇摆身体、眼睛笑得眯成一条线并伴随着尖叫的时候，爸爸妈妈千万不要害怕，这只是宝宝特别欢乐的表现。宝宝之所以会这样兴奋，只是想让爸爸妈妈分享他的快乐。

快乐对宝宝的重要性

当宝宝情绪好的时候，如果妈妈逗宝宝玩，宝宝会注视着妈妈的眼睛，小脸也红扑扑的，同时还会扭动身体，显现出快乐的神情。从出生到1岁，是宝宝塑造情感最重要的时期，如果这个时期，宝宝能够保持愉快的心情，对宝宝的身体发育和性格塑造都有很大的促进。

科学家研究发现，愉快氛围中成长的宝宝，长大之后，性格会更加的开朗、乐观、坚强，更加富有爱心和同情心。同时，轻松愉快的氛围，还能促使宝宝最大程度地发挥自己的潜能，更快地成为聪明、健康的宝宝。

宝宝的好性格要从小培养

每个爸爸妈妈都希望自己有一个性格好的宝宝，但是，宝宝的好性格应该怎样培养呢？

首先，爸爸妈妈应该尽量满足宝宝的合理要求。

在这个时期，充足的睡眠、细致充足的食物、周到的照顾，都是宝宝最最需要的东西。当宝宝吃饱了、睡舒服了、尿布干爽的时候，宝宝就会心满意足地微笑。

母爱是宝宝最重要的快乐源泉，而且母爱带来的快乐不能被任何其他东西所替代，母亲温暖的怀抱、甘甜的乳汁、和蔼的微笑，都能给宝宝很大的满足。妈妈应该多多地和宝宝交流，才能给宝宝更多的温暖和安全感。

同时，家长也应该尽量给宝宝创建一个温馨的家庭环境，只有温馨美满的家庭，才能带给宝宝最基本的安全感。爸爸妈妈千万不能把因工作压力和家庭矛盾而产生的坏情绪传递给宝宝，否则只会对宝宝性格的塑造带来负面的影响。

爸爸妈妈也可以借助音乐的力量来塑造宝宝的性格。科学家研究发现，常常听音乐的宝宝，表情十分快乐，而且动作活泼。同时，音乐还可以塑造宝宝的神态，甚至能够改变宝宝的容貌。

五、宝宝饿了会怎样，饱了又会怎样呢

初生宝宝哭闹的最主要的原因就是饥饿。宝宝因为饥饿而发出来的哭声短促而有力，而且很有规律，同时还会时不时地急促换气。很多妈妈往往不知道这时候宝宝是因为饥饿而哭闹，从而造成宝宝反复哭闹。

其实，宝宝和妈妈天生就有一种感应，当宝宝饥饿的时候，往往妈妈的乳汁也胀满了，正好是给宝宝喂奶的最好时机。

那么，妈妈应该如何应对宝宝因为饥饿而哭闹呢？

不能一哭就喂

初生的宝宝，除了饥饿之外，还会有其他很多的需求，但是宝宝表达需求的方式却只有一种，那就是哭。尤其是在妈妈没有乳汁的时候，宝宝往往是因为困了、累了、尿布湿了而哭泣。因此作为一个合格的妈妈，首先应该弄明白宝宝的需要，千万不能一哭就喂，否则会撑坏宝宝。

哭泣也可能是吃饱的表现

当宝宝饥饿的时候，宝宝会很专注地吃奶，而且长时间的不愿意离开妈妈的乳房。但是往往在吃完奶之后，宝宝还是会哭，对此，妈妈不必惊慌，因为这只是宝宝在告诉妈妈："我吃饱了，妈妈不要再给我喂奶了。"

宝宝肚子的"咕噜咕噜"声

宝宝的肚子经常会"咕噜咕噜"乱响，这可能是宝宝的肠鸣，也就是饥饿引起的；也可能是宝宝已经吃饱了，是正在消化食物的表现。

六、宝宝便便会发出什么声音

宝宝在便便之前，往往会突然发呆，出现抿嘴、屏气、用力等表情，很多时候，宝宝的全身皮肤都会发红，同时还会发出"吭吭哧哧"的声音。

一般来说，宝宝在吃奶和喝水之后，会感觉需要排尿，爸爸妈妈可以把握这个时机，在宝宝吃奶和喝水半个小时之后把大小便。

新手爸妈应该如何指导宝宝排大小便

作为合格的爸妈，从宝宝出生起，就应该引导他意识到排大小便，并且能够控制自己的排便。一开始肯定会失败，但是随着宝宝大脑发育完善，以及爸爸妈妈的引导，一定能够逐渐达到目标。

宝宝刚刚开始使用尿不湿的时候，父母应该多给宝宝换尿布，让宝宝感受到干湿的区别，为宝宝意识到尿意打下基础。尤其是在把宝宝小便的时候，可以发出固定的声音，时间久了，宝宝就会把这种声音与排尿有效地联系起来。

如果想要帮助宝宝控制排大便，妈妈应该细心观察，注意宝宝每次大便之前的表情、状态；爸爸妈妈应该尽量帮助宝宝养成每天定时排便的习惯，这样可以有效防止便秘的发生；在宝宝排便的时候，应该让宝宝聚精会神，不要逗宝宝玩儿，或者给宝宝吃东西，以免造成排便困难；一般来说，宝宝每次排便的时间不会超过 5 分钟，如果长时间坐在便盆上，会造成宝宝臀部皮肤受伤，甚至造成脱肛；在宝宝成功排便之后，爸爸妈妈应该夸奖宝宝，不要对宝宝的排泄物表现出厌恶的态度。

除此之外，父母还要耐心观察宝宝的生活习惯和行为，根据宝宝的饮食状况、体温，随着季节、气温的变化，随时调整宝宝的排便状况。

第二节　半岁到一岁的宝宝，开始认知声音语言

半岁到一岁的宝宝，已经明白爸爸妈妈嘴巴开开合合的时候是在说话，而不是在吃东西或者做其他事情。这个时候，爸爸妈妈应该有意识地训练宝宝，并且要逐渐开始教宝宝说话了。那么，在这个阶段应该怎样教宝宝说话呢?

一、抓住宝宝的语言敏感期

很多妈妈认为，6 个月之后的宝宝只会吃饱了就睡，根本不会看东西，也听不懂话，更没有理解力。其实，这种观点是完全错误的。所有 6 个月到 1 岁的健康宝宝，完全可以听得到声音，看得到各种各样的颜色，而且宝宝也具有味觉和触觉。另外 6 个月以后的

宝宝，开始有了对于人际交往的渴望，比以前更喜欢妈妈的抚摸。当妈妈跟他们说笑的时候，宝宝会感觉很兴奋，而且宝宝喜欢跟妈妈进行眼神的交流。这个时期，如果妈妈能尽可能多的和宝宝交流，对于开发宝宝的智力有很大的作用。

1. 6 个月以后的宝宝进入了语言敏感期

6 个月以后的宝宝，开始注意爸爸妈妈说话时的口型，而且还会模仿爸爸妈妈发出"咿咿呀呀"的声音。这种现象，就意味着宝宝进入了语言敏感期。如果爸爸妈妈能够在这个时期，好好引导宝宝，不但可以为宝宝学习语言打下良好的基础，而且能够塑造宝宝良好的性格。

对宝宝来说，妈妈的声音比任何的音乐都要动听，能够给自己带来精神上的满足。所以，别人对宝宝说话的时候，宝宝可能没有反应，但是，妈妈对宝宝说话，却能让宝宝面露笑容。

2. 宝宝的语言发展分为几个时期

宝宝的语言发展分为以下几个时期：0 到 1 岁是前期语言时期，在这个时期，宝宝从爱听渐渐转换到了听懂；宝宝在 18 个月的时候，词汇量会大幅度增加；20 个月的时候，语言的学习发生一个飞跃；24 个月的时候，宝宝常常会自己跟自己说话，甚至还能够模仿妈妈说话；但是，30 个月的时候，语言的学习速度开始下降了。如果妈妈能够把握宝宝学习语言的速度和时机，教宝宝说话就不是一件难事了。

贴心提示：

教宝宝指着物体学说话

很多爸爸妈妈在教宝宝说话的时候，往往只是盯着宝宝的眼睛，一遍一遍地重复"爸爸、妈妈、宝宝、桌子"等。尽管爸爸妈妈讲得辛苦，宝宝却一脸迷茫，因为这时候的宝宝根本不知道爸爸妈妈说的是什么。

在教宝宝说话的时候，妈妈应该边指着东西边教宝宝说话，这样不仅仅可以提升宝宝的语言能力，而且能够让宝宝认识和熟悉周围的事物和环境。同时要观察宝宝的反应和表情，如果宝宝明白了，宝宝会眼睛明亮，一脸轻松、欣慰的表情；如果宝宝眼睛浑浊，一脸迷茫，说明宝宝根本没有明白。这时候，妈妈可以反复多教宝宝几次，如果宝宝还不明白，就先放在一边，等第二天宝宝开心的时候再教，不要跟宝宝在一个问题上纠结，以免造成宝宝厌烦。

二、面带微笑教宝宝说话

宝宝开始学说话的时候，情感也开始敏感，这时候的宝宝喜欢对着家人微笑，更喜欢看到爸爸妈妈的笑容。因此，爸爸妈妈一定要给宝宝创造一个温馨、愉快的氛围。无论多累，都要多多亲近宝宝，对宝宝微笑，而且不要忽视宝宝对大人的回应，比如宝宝分别时的挥手、吃饭时的微笑等。爸爸妈妈也可以抱着宝宝随着轻松柔和的音乐跳舞，或者在宝宝入睡之前，轻轻拍打、抚摸宝宝的身体，也可以给宝宝播放或者哼唱温柔的摇篮曲。

宝宝能够看懂妈妈的表情

很多妈妈认为 6 个月到 1 岁的宝宝没有感情，事实不是这样的。6 个月到 1 岁的宝宝，已经能够懂得大人表情的含义，尤其能够明白妈妈表情的含义。宝宝会随着妈妈的脸色而高兴、忧虑、悲伤。

眼睛是心灵的窗口，眼神对于人际交往有着很重要的作用。同样，眼神也是妈妈与宝宝交流的重要途径。因此，妈妈要多用眼神跟宝宝交流。很多妈妈发现，虽然自己用愉悦的声音和宝宝讲话，但是宝宝却不开心。这就是因为妈妈没有跟宝宝进行眼神交流，宝宝有一种被敷衍的感觉。为了引起妈妈的注意，宝宝往往会有意做出一些表情和动作，如果妈妈没有关注宝宝，宝宝就会哼哼唧唧；如果还等不到妈妈的回应，就会又哭又闹了。这个时候，妈妈千万不要惊慌失措，只要观察宝宝的神态，用目光跟宝宝进行交流，宝宝很快就会恢复愉快的心情。所以，妈妈跟宝宝交流的时候，不但要热情，更要专注，千万不要应付宝宝。

贴心提示：

怎样训练 6 个月到 1 岁宝宝的语言能力呢？

6 个月到 1 岁是宝宝学习说话的最好时机，在这个时期，妈妈应该把握一切时机，让宝宝建立语言的意识，例如：妈妈可以先告诉宝宝身边的东西的名称，同时，要用多种多样的语气和宝宝说话，同时结合各种面部表情，激发宝宝用语言表达自己需要和感受的意识。

　　妈妈在跟宝宝说话的时候，要尽量面对着宝宝，让宝宝能够看清妈妈的表情以及口型，说话的含义要明确、速度要尽可能地慢一点，同时要避免咬舌、吃字等现象。

三、妈妈的陪伴让宝宝更愿意跟外界交流

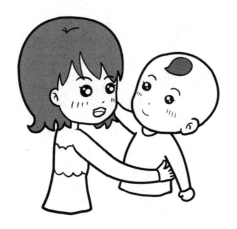

　　宝宝最需要的就是妈妈的陪伴，妈妈的陪伴让宝宝更愿意跟外界交流。

　　曾经有研究机构做过下面一个实验：

　　40 位母亲带着她们的宝宝 (15 个月左右大) 被分为两组：第一组的宝宝坐在地上玩耍，但是实验者要求母亲们不要对宝宝任何的表情和语言做出回应。第二组的母亲可以跟宝宝们进行语言和表情的交流。

　　当所有的宝宝坐在地上玩的时候，实验者会把一个机器人推进房间，并且遥控机器人走近宝宝。这时候，没有得到妈妈回应的宝宝大多数会很恐惧，很少敢于接近机器人，而那些得到妈妈回应、跟妈妈有良好交流的宝宝并不恐惧，甚至敢上前看看、摸摸机器人。

妈妈的关注越多，宝宝的回应越多

通过这个实验，我们可以看到，宝宝得到外界的关注越多，他对外界的回应、关注也越多。在妈妈的陪伴下，宝宝可以更加勇敢地探索陌生的事物，同时，也更愿意跟外界发生互动。

贴心提示：

照镜子的时候，宝宝更爱"说话"

在宝宝出生 8 周到 9 周之后，我们可以在宝宝的床边固定一面小镜子，镜子最好固定在距离宝宝 15 厘米的地方，高度应该保证宝宝能够平视。让宝宝躺着可以看见镜子里面的东西（一定要注意，不能让宝宝总是朝一侧睡觉，否则会让宝宝睡成"歪瓜脑袋"），细心的妈妈会发现，宝宝面对镜子里面的"小朋友"的时候，先是比较紧张，适应之后，宝宝的眼神就会随着镜子而活动。等到宝宝能够自己挺起脖子的时候，妈妈可以把宝宝抱到大镜子前面，这时宝宝会因为面对镜子里面的人而害羞、兴奋得脸色发红。等过一段时间，宝宝会对着镜子做鬼脸、吐舌头，当看到镜子里的人和自己做同样的动作的时候，宝宝就会开心地笑起来。再过一段时间之后，

宝宝胆子开始大起来了，还会伸手摸摸镜子。

　　宝宝在镜子面前的表现，体现了宝宝对于他人以及环境的态度。当宝宝对镜子里的人亲热、友好的时候，说明宝宝对于周围的环境感到安全，而且特别信任。所以，镜子不但能够提高宝宝的反应能力和视力，对于培养宝宝和他人、社会的交往，也具有很大的作用。

　　需要注意的是，在用镜子逗弄宝宝的时候，镜面一定要平整，不能有扭曲，同时，一定要注意安全，千万不能用有尖锐棱角的镜子，更不能用边缘粗糙的镜子。当宝宝摆弄镜子的时候，一定要有妈妈陪伴，避免镜子破裂伤害到宝宝。

第三节 一岁到一岁半的宝宝，自发学习声音语言

宝宝在一岁之后，说话的愿望特别强烈，这时候的宝宝，已经开始主动地学习语言，并积极发声。这正是教宝宝说话的最好时机。在这个时期，宝宝有什么特点呢？爸爸妈妈应该做些什么呢？

一、倾听宝宝"咿咿呀呀"的声音

很多新妈妈还是可以从宝宝的哭声中判断出宝宝的需要的，但是一岁之后，哭已经不是宝宝表示需要的唯一途径了，在宝宝不舒服或者想要某些东西的时候，往往会发出"咿咿呀呀"的声音。那么，宝宝的咿呀声到底有没有规律呢？如何从宝宝的咿呀声中判断宝宝的需要呢？

一般情况下，只要需要相同，宝宝咿呀的声音和哭声的节奏几乎是一样的。这个时候，宝宝的咿呀声并不是宝宝情绪的发泄，而是宝宝真实需要的表达。爸爸妈妈只要认真倾听，就能从宝宝的咿呀声中，了解宝宝的需要和愿望。

二、宝宝喜欢模仿妈妈说话

很多妈妈会惊讶地发现，自己无意中说的一句话，宝宝很快会模仿出来，所以，想尽快让宝宝学会说话，最好的办法就是多和宝宝说话，有意识地让宝宝模仿大人说话。开始的时候，宝宝肯定会有某些字、词说不准，妈妈不要太在意这些字、词，也不要刻意追究宝宝的错误，以免引起宝宝的厌烦。

一岁到一岁半是宝宝最渴望尝试说话的时期，只要有机会，宝宝就想多说几句，也不管发音、词义是否准确。很多时候，往往宝宝呜呜啦啦说了一堆，爸爸妈妈却不明白宝宝的意思。

当宝宝说"宇宙语"的时候，爸爸妈妈千万不要焦急，这只是宝宝在模仿大人说话，随着宝宝的成长，这种情况会逐渐改善。

模仿宝宝的"宇宙语"，有利于宝宝学习语言

爸爸妈妈跟宝宝相处的时候，最好认真倾听宝宝的发声，并尽量模仿宝宝的发音，尤其是那些稀奇古怪的语言和词汇。这样，宝宝就会感觉自己被注意了，就会有更大的动力去学习语言。

如果爸爸妈妈只知道一味地教导宝宝说话，却忽略了模仿宝宝的说话，宝宝会感觉自己的发音没有任何意义，甚至有一种强烈的挫败感，就会打击宝宝学习语言的兴致。

而且大多数时候，宝宝在叽里咕噜说"宇宙语"的时候，往往不知道自己在说什么，通过爸爸妈妈的模仿，宝宝才会明白自己说话的内容，从而改进自己的发音。所以，爸爸妈妈模仿宝宝的发声，不但能够鼓励宝宝学习语言，更能促进宝宝早点学会正确的发音。

三、宝宝喜欢叠音词

狗狗～

一岁到一岁半的宝宝常常会将字音重叠，"狗"，宝宝会发出"狗狗"；"猫"，宝宝会发出"猫猫"；个别宝宝会发出一长串

的叠音，例如："爷爷"，很多宝宝会发出"爷爷爷爷爷爷……"。之所以会出现这种现象，是因为宝宝的大脑还没有发育成熟，而且宝宝发音的肌肉也不够有力。很多时候，宝宝发音之后，常常不能有效地停止发音。而且，由于发叠音的时候，发声的肌肉是没有变化的，所以叠音发声对于宝宝来说很容易，在成功发出一串叠音之后，宝宝也会特别有成就感，所以会出现宝宝发出叠音的现象。

很多爸爸妈妈在教宝宝说话的时候，也喜欢使用叠音，例如：吃饭饭、睡觉觉等。这种办法好不好呢？应该怎样教导宝宝说话呢？

用叠音教宝宝说话，有利也有弊。当爸爸妈妈用叠音和宝宝说话的时候，能够让宝宝有被尊重的感觉，甚至有一种成就感，这样，宝宝就会更加积极地学习说话。但是，如果一味使用叠音，当宝宝面对正常的交流的时候，会感觉莫名其妙。所以，尽量使用规范的语言，让宝宝在潜移默化当中，熟悉并接受正常的交流方式，同时，还能激发宝宝学习正常语言的渴望。

四、如何让宝宝快速学会说话

很多时候，妈妈会发现，自己的宝宝只能发几个音，其他同龄

的宝宝却能够说出不少句子了。这是为什么呢？妈妈应该怎样教宝宝，才能让宝宝快速地学会说话呢？

让宝宝感觉学习说话是一件快乐的事情

首先，爸爸妈妈应该根据宝宝的体力以及能力，制订一定的计划，每天不要教给宝宝太多东西，避免宝宝厌烦，而且一定要给宝宝留出足够的练习时间。爸爸妈妈应该在宝宝精力充沛的时候教宝宝练习说话，最好每天要选择同样的时间段；其次，爸爸妈妈要注意教育的方式，千万不能自顾自地说话，却不管宝宝的反应；最后，爸爸妈妈应该边游戏边跟宝宝说话，同时还要观察宝宝的反应，如果发现宝宝有疲倦、不耐烦的表情，就不要让宝宝继续学习说话了。

当宝宝学会一点东西的时候，爸爸妈妈应该及时给予表扬或者鼓励，让宝宝体会到学习的快乐。

贴心提示：

如何提高宝宝语言学习的速度呢？

爸爸妈妈应该尽量多和宝宝交流，同时，也要鼓励宝宝多与外界交流，尤其要多和同龄人交流。这样宝宝不仅可以学到更多词语，更重要的是，宝宝可以学到更多与人交往的方法。

为了让宝宝印象深刻，妈妈可以指引着具体的东西教宝宝说话，例如，妈妈可以拿起电话，教给宝宝说"电话"；在教宝宝说"飞机"的时候，妈妈可以拿着飞机模型，让宝宝对这些东西留下深刻的印象，同时让宝宝牢牢记住这些词语。只要宝宝记住了大量的词语，学习语言的速度自然能够加快。

第四节　怎样教一岁半到两岁的宝宝学说话

　　宝宝在一岁半之后，学习语言的能力会有大幅度提高，而且会在短时间内学会大量的词汇。这个时期，是宝宝学习语言的黄金时期，如果爸爸妈妈能够把握这个时期，及时引导宝宝说话，可以对宝宝的语言学习起到事半功倍的作用。在这个关键时期，爸爸妈妈应该如何引导宝宝说话呢？

一、教宝宝说话，警惕进入误区

　　刚刚出生的宝宝，听不懂大人讲的话，但宝宝的学习能力是很强的，爸爸妈妈在教宝宝说话时，难免会犯一些错误，看看下面几项你犯了哪些？

误区一：觉得宝宝听不懂自己的话

刚刚出生的宝宝，对大人的话确实听不懂，但当妈妈总是冲着他微笑，对他说："宝宝，看这里，我是妈妈。""宝宝，这个是奶，你饿了吗？"这样时间一长，这些语言信息就会储存在宝宝的脑子里。随着宝宝智力的发育，再经过语言的重复，宝宝就会明白妈妈的意思了。

误区二：对宝宝的要求过分满足

宝宝指着水瓶，爸爸妈妈马上把水瓶递给他，这种过分满足宝宝要求的做法，会导致宝宝的语言发展缓慢，因为宝宝不用说话，就能够轻松满足自己需求，宝宝因而失去了说话的机会。如果宝宝想喝水，爸爸妈妈可以给他一个空水瓶，他拿着空空的水瓶，想要得到水时，会努力地去说"水"，这样就会渐渐懂得用语言来表达自己的需求了。

误区三：用儿语和宝宝说话

1 岁左右的宝宝，语言处于单词句的阶段，常常会发出一些重叠的音，例如"抱抱""水水""饭饭""打打"，宝宝会结合自己的身体动作和表情来表达他的愿望。到了宝宝一岁零六个月左右，宝宝能够用两三个词组合在一起，例如"吃饭饭""妈妈抱"来表达自己意思，这就进入了宝宝的多词句时期。快要到 2 岁时，宝宝会说出"妈妈抱宝宝""宝宝吃饭饭"等简单的句子，准确表达自己的意思。

面对不同语言发展阶段的宝宝，有些父母也用同样的语言与宝宝讲话，这样做就很可能拖延宝宝过渡到说完整语句的阶段。

误区四：重复宝宝的错误语音

刚学会说话的宝宝虽然基本上能用语言表达自己的愿望和要

求，但是还有很多宝宝存在着发音不准的现象，如把"吃"说成"七"；把"狮子"说成"希几"，"苹果"说成"匹朵"等。这是因为宝宝的发音器官发育不够完善，还不能正确掌握某些音的发音方法。对于这种情况，父母不要学宝宝的发音，而应当用正确的语音来与宝宝说话，时间一长，在正确语音的指导下，宝宝发音就会逐渐正确。

误区五：语言环境复杂

有些家庭中父母、爷爷奶奶、保姆各有各的方言，语言环境复杂，多种方言并存，这会让正处于模仿成人学习语言阶段的小宝宝产生困惑，其结果是导致说话晚。因此在 6 个月到 2 岁这个学习语言的关键期，家人应统一语言，教宝宝正确发音。

大多数宝宝在 1 岁之后，就已经能够开口说话了，但是还是有很多宝宝只能含含糊糊地咿咿呀呀地发音。这是怎么回事呢？

如果自家的宝宝发生这种情况，爸爸妈妈应该先回想一下，是不是自从宝宝出生之后，就只会咿咿呀呀，而且怎么教也学不会。如果出现这种情况，爸爸妈妈应该赶紧带宝宝去医院检查了。

如果宝宝偶尔正常说话，偶尔发出咿咿呀呀的声音，那么爸爸妈妈就要反思一下对宝宝的教育方式了。有些教育方式会导致宝宝语言学习进程缓慢。

贴心提示：

教宝宝说话的时候要固定"教师"

由于每个人的语音、性格以及说话节奏都不同，所以在教宝宝说话的时候，应该指定一个或者两个家庭成员，专职教宝宝说话，如果频繁更换"教师"，宝宝总是处在对于新"教师"的不适应当中，学习进程自然就会缓慢了。

二、鼓励宝宝学说话

8 到 10 个月的宝宝就能听懂爸爸妈妈的话了，一岁半到两岁的宝宝完全可以明白爸爸妈妈的批评或者赞美。爸爸妈妈的赞美，不但可以不断地激发宝宝学习的动机和兴趣，更是催化宝宝智力发育的良药，同时，对宝宝形成良好的性格，以及健全的人格，都有着不可估量的作用。那么，爸爸妈妈应该怎样鼓励宝宝学说话呢？

对于宝宝的成就，要及时鼓励

在宝宝学习语言的过程中，每个阶段取得的小小的成就，都应该引起爸爸妈妈的重视。

每当宝宝取得进步的时候，爸爸妈妈都应当及时给予表扬，而且夸奖的时候，不能轻描淡写地夸几句就完事，应该伴随夸张一点的表情，同时要用响亮的声音为宝宝喝彩，并且用清脆的声音为宝宝鼓掌，最好全家人一起为宝宝喝彩。这种方式，不但能鼓励宝宝更加努力地学习，而且有利于塑造宝宝健康的心灵。

三、妈妈应该如何跟宝宝交流

　　跟宝宝聊天，可以把宝宝和爸爸妈妈放在一个平等的位置。但是对于还不能流畅说话的宝宝，爸爸妈妈应该怎么和他们交流呢？以下几种方法，可以让爸爸妈妈和宝宝顺利地交流。

　　1. 把握交流的时机

　　宝宝苏醒的时候。当宝宝刚刚睡醒，张开双眼的时候，爸爸妈妈应该把握这个时机，积极主动的用眼神和宝宝交流。

　　宝宝咿呀儿语的时候和当宝宝咿咿呀呀说话的时候，爸爸妈妈不要因为听不懂而对宝宝不理不睬，而是应该积极主动地和宝宝交流。

　　母乳喂养的时候。母乳喂养的时候，是宝宝跟妈妈交流的最好时机。妈妈可以在哺乳的时候，面带微笑，轻声细语的和宝宝说话，这样可以有效地建立和谐的亲子关系。

　　2. 利用生活中的一切时机跟宝宝交流

　　引导宝宝感觉差异：妈妈可以把两个娃娃放在距离宝宝 20~30 厘米的地方，其中一个娃娃头上戴大红花，另一个娃娃不戴，宝宝肯定会认真观察，寻找两个娃娃的不同，这对培养宝宝观察以及阅读的能力有着极大的好处。

共同分享所有的信息：当爸爸妈妈带着宝宝出去游玩的时候，应该时刻跟宝宝说说看见的东西，例如："看，好红的花啊！""好大的一只麻雀啊""宝贝，快来看看这只大螳螂！"

跟孩子一起瞎喊：宝宝非常乐意和妈妈一起发出傻乎乎的声音，例如"哦——""嗯——"，偶尔还会发出"海豚音"。

跟宝宝一起唱歌：妈妈可以在任何情况下给宝宝放一些轻快优美的音乐，或者给宝宝唱一些优美动听的歌谣。

训练宝宝爬"圈"：在地板上铺上厚实的垫子，妈妈坐在垫子的中央，指引宝宝围着妈妈爬圈。这种运动，不仅仅可以提高宝宝身体的协调性，而且能够增进母子之间的感情。

提前预告：在宝宝睡醒之后，用欢快的声音对宝宝宣布："起床喽！穿衣服了。"让宝宝慢慢体会生活的一点一滴。

各种感觉的体验：让宝宝触摸不同的东西，例如不锈钢的小碗、羊毛布料、丝绸的衣服等，让宝宝体会不同物品的质地和手感。

体会宁静：给宝宝创造一个温馨、安静的环境，不用音乐，也不要刺眼的灯光。让宝宝在宁静的环境中感受环境的美好。

常常翻看家庭影集：爸爸妈妈可以将亲戚朋友的照片制成精美的影集，经常和宝宝一起翻翻看看，这样，可以培养宝宝对生活的热爱之心。

看看谁的运气好：妈妈可以准备几个空盒子，在其中一个盒子里面藏一个小玩具，让宝宝找找玩具到底在哪里？

跟宝宝一起"翻山越岭"：妈妈可以在地板上铺好厚垫子，然后把沙发垫子、丝绵靠枕等放在垫子上，跟宝宝一起爬过去，记得要让宝宝多赢几次，这样有利于培养宝宝的积极性。

贴心提示：

有童心的妈妈能跟宝宝更好地交流

有童心的表现之一——做鬼脸

当宝宝摸妈妈脸蛋的时候，妈妈可以歪嘴巴；当宝宝挖妈妈鼻子的时候，妈妈可以歪歪脸；当宝宝扯妈妈耳朵的时候，妈妈可以皱皱眉……这些动作和表情，可以时刻给宝宝一种新鲜感。

有童心的表现之二——跟宝宝一起触摸物品

妈妈可以抱着宝宝在房间里面到处走走，抓住宝宝的小手，让宝宝摸摸窗户、电视、冰箱、墙纸等，同时告诉宝宝这些物品的名字。

有童心的表现之三——自己编故事

挑选一些简单有趣的童话，把童话中主人公的名字换成宝宝的名字，会让宝宝感觉十分新鲜有趣。

有童心的表现之四——自制动物书

妈妈可以去动物园，给各种动物拍照，并把照片制作成一本相册，然后利用这本相册，向宝宝介绍各种各样的动物，还可以模仿动物的叫声。

有童心的表现之五——让宝宝自己做主

很多情况下，可以让宝宝自己做主，例如，穿什么颜色的外套，用哪个小碗吃饭。这样，宝宝就会感觉到自己受到了重视，从而特别开心。

有童心的表现之六——跟宝宝一起回忆"过去"

在有条件的情况下，妈妈可以和宝宝一起看家庭录像带，跟宝宝一起回忆第一次洗澡、第一次叫爸爸妈妈等情景。

有童心的表现之七——点点数数

妈妈可以引导宝宝，数一数自己的手指、脚趾，数一数屋子里面有几朵花等，不久之后，宝宝就会跟妈妈一起数数了。

有童心的表现之八——看图提问

妈妈可以找一本宝宝喜欢的图画书，就图画的内容向宝宝提问，例如："熊猫在吃什么啊？"

四、打造宝宝自己的语言体系

为了和宝宝更好地交流，妈妈应该熟悉并且帮助宝宝打造属于自己的语言体系。

用宝宝语言特点的方式跟宝宝交流

宝宝语言的特点是词语简单、语速慢，而且伴随着眼神的交流，往往还有夸张的动作和表情。爸爸妈妈在跟宝宝交流的时候，也应该用具有宝宝特点的语言，跟宝宝交流，可以使宝宝可以产生跟人平等交流的感觉。此外，爸爸妈妈如果想真正融入宝宝的语言体系，

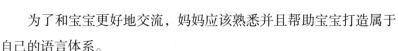

应该注意以下几点：

1.尽量多跟宝宝说话

爸爸妈妈在平时应该尽量多跟宝宝说话，例如：给宝宝洗手的时候、给宝宝换衣服的时候。这样，可以大大提升宝宝学习语言的积极性，并且能够让宝宝尽快熟悉日常用语。

2.尽早地给宝宝念故事

很多妈妈认为，在宝宝听懂大人话之前，没必要给宝宝念儿歌、讲故事。虽然很多时候，妈妈给宝宝念儿歌、讲故事，宝宝听不明白，更没什么概念，但是由于跟日常生活语言相比，儿歌、童谣有着明快的韵律以及较强的趣味性，可以有效提高宝宝对于听说的兴趣。

3.指物命名

很多时候，宝宝往往会盯着某样东西看，这时爸爸妈妈就可以指着宝宝盯着的物体,说出物体的名字,多重复几次,宝宝就学会了。

4.跟宝宝一起锻炼口腔肌肉

爸爸妈妈可以引导宝宝吐舌头、吹气，还可以发出长长的"啊……""咿……"等声音，这些都可以锻炼宝宝的肌肉，为宝宝学习语言做好铺垫。

5.让宝宝盯着妈妈说话

在妈妈说话的时候，应该让宝宝盯着妈妈说话，让宝宝看得到妈妈脸部的表情，以及嘴唇的动作，这样，有利于宝宝掌握各种词汇的准确发音。

—第四章—

哭式交流——听哭泣的
宝宝"说心里话"

　　哭泣，不仅仅是宝宝发表意见宣泄情绪的一种方式，同时也是宝宝锻炼肺活量的一种方法。面对时不时哭泣的宝宝，爸爸妈妈应该怎么办呢？宝宝的哭泣又意味着什么呢？

第一节 半岁以下宝宝啼哭的主要原因

半岁以下的宝宝时不时会哇哇大哭，不但让爸妈心烦，更让爸妈疑惑，宝宝到底是渴了？还是饿了？是冷了？还是热了？现在让我们一起看看答案吧。

一、宝宝啼哭原因之一——饥饿或口渴

吃饭和喝水，是人维持生命的最基本的活动。宝宝不能说话的时候，必然会用自己的方式告诉爸爸妈妈："我渴了"或者"我饿了"。

1. 饥饿是宝宝啼哭的最主要原因

没有满月的宝宝，当他们无法忍受饥饿的时候，就会哭起来。如果妈妈细心地观察宝宝，就不难发现，宝宝在饥饿难耐的时候，会发出一种类似"要饭"的声音，这时候宝宝的哭声特别有节奏感，

而且声音由小到大，认真听却给人有气无力的感觉，并且宝宝会重复一定的模式，往往会先短促地哭一阵子，看看有没有吃的出现，若没有，继续短促地哭，就好像在说"饿啊，饿啊"。如果这个时候，妈妈把手指放在宝宝的嘴唇上，宝宝会立刻叼住妈妈的手指，用力吮吸；如果这时候还没吃的，宝宝就会不管不顾，号啕大哭了。

其实，妈妈与宝宝之间天生有一种感应，那就是宝宝饿得受不了的时候，妈妈乳房中的乳汁也胀得满满的了。

当宝宝因为饥饿而号啕大哭的时候，最好的办法就是及时给宝宝喂奶，只要妈妈的乳汁充沛，只要十几分钟，宝宝就可以把小肚子吃得饱饱的。等宝宝打完嗝之后，妈妈就可以把宝宝放在小床上，让他舒舒服服地睡一觉了。

但是需要注意的是，由于很多妈妈的奶水并不充足，甚至没有奶水，此种情况下应该如何判断宝宝是不是吃饱了呢？

如果喂奶之后，把乳头或者奶嘴放进宝宝的嘴巴里面，宝宝还会吸吮，那就说明，宝宝还没有吃饱，需要添加婴儿奶粉。

2. 因口渴而哭闹

当宝宝口渴的时候，妈妈可以看见宝宝的嘴唇发干、起皮，而且宝宝会很烦躁，大多数还会不停地用舌头舔小嘴唇，这就等于宝宝在告诉妈妈："妈妈，我好渴啊！赶紧给我水喝！"这个时候，只要妈妈小心喂给宝宝水喝，宝宝就会立刻停止哭闹。

母乳喂养的宝宝，一般是不用额外喂水的。因为母乳里面含有足够的水分来满足宝宝。但是，如果宝宝所在的环境比较干燥，例如：长时间开着暖气或者暖风的房间，或者干燥多风的秋天，尤其在夏天，宝宝常常会因为口渴而烦躁不安。适量的喂水可以缓解宝宝的干渴，但是妈妈们要注意，喂给宝宝普通的温水就可以，千万不要因为担心卫生问题而喂宝宝纯净水或者蒸馏水，这样会导致宝宝的抵抗力低下。

吃奶粉的宝宝更容易口渴，对这样的宝宝，妈妈更应该关心。

二、宝宝啼哭原因之二——吃撑了

半岁以下的宝宝，只要把乳头放进他们嘴巴里面，就会拼命地吸吮，根本没有“饱”的概念。很多新手妈妈不了解情况，明明宝宝的肚子鼓得像个西瓜，还给宝宝喂奶，不把宝宝撑到才怪呢！

有些妈妈给宝宝冲奶粉的时候，生怕宝宝营养不够，把奶粉冲得浓浓的，这样不但容易撑到宝宝，还特别容易在宝宝吃完奶之后口渴。

那么，怎样判断宝宝是不是因为吃撑而哭闹呢？

在妈妈喂完奶或者正在喂奶的时候，宝宝突然尖声哭闹起来，而且两腿乱踢，小手乱打，同时还伴随着吐奶的现象；当妈妈把宝宝抱起来的时候，宝宝会哭得更加厉害，有时还会伴随着呕吐，摸摸宝宝的肚子，会发现宝宝的肚子又胀又硬，像个西瓜。这就表明，宝宝是因为吃撑了而哭闹的。

贴心提示：

如何判断宝宝是不是吃饱了？

（1）一般来说，宝宝十几分钟就可以吃完一顿"饭"，如果时间超过 20 分钟，就有可能撑到宝宝。

（2）喂奶的过程中，宝宝冲着妈妈笑，吮吸的力度减小，甚至吐出奶头，也说明宝宝吃饱了。

宝宝吃撑了，爸爸妈妈应该怎么办？

无论是妈妈的乳汁，还是冲饮的奶粉，都不是固体食物，所以，当宝宝因为吃撑了而哭闹的时候，爸爸妈妈可以不用去哄宝宝，因为哭闹可以消耗宝宝的热量，促进宝宝消化。但是爸爸妈妈应该注意的是，吃撑了的宝宝往往会出现吐奶的现象，爸爸妈妈应该防止宝宝因为呕吐而被呛到。

三、宝宝啼哭原因之三——疼痛

跟"皮糙肉厚"的成年人相比，"细皮嫩肉"的宝宝更容易感到疼痛，而且会留下深刻的印象。如果婴儿时期总是受疼挨痛，长

大后的宝宝往往会脾气暴躁，情绪异常。

在日常生活中，除了常见的磕碰之外，以下几种原因也会让宝宝难受，甚至疼痛。

很多时候，稍微的鼻塞、咽喉疼、感冒发热或者肠胃不适，都会让宝宝十分的不舒服。而且，宝宝的忍耐力很差，所以，只能用哭泣的方式表达自己的痛苦。

当宝宝哭声无力，而且时间长、声音古怪，仔细听听，哭得有点"磕磕绊绊"，有的时候还哭不出来，像金鱼一样，只会张嘴。一旦出现这种情况，爸爸妈妈应该立刻带宝宝去看医生。

宝宝在吃奶的时候，往往会吞下很多的空气，造成宝宝肚子疼，这也会引起宝宝的哭闹。遇到这种情况，让宝宝打个嗝就可以了。

很多性格敏感的宝宝，更容易感受到疼痛，而且会哭起来没完没了。爸爸妈妈不应该因为心烦而制止宝宝的哭闹，而应该给宝宝更多的关爱、更多的温暖，常常安抚、鼓励宝宝，让宝宝逐渐变得坚强起来。

贴心提示：

爸爸妈妈应该怎样缓解宝宝的疼痛？

对成年人来说，止疼药是缓解疼痛最快最好的办法。对于宝宝来说，白糖水对于止疼，有神奇的效果。

甜味可以给人带来幸福感、安定感和镇静作用，自然能够缓解宝宝的疼痛。

当宝宝因为疼痛哭闹的时候，爸爸妈妈可以用手指或者奶嘴蘸点糖水滴进宝宝嘴里，也可以用手指蘸点蜂蜜，抹进宝宝的嘴巴里。

四、宝宝啼哭原因之四——劳累

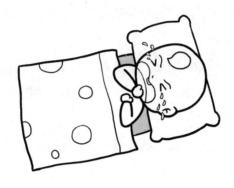

看见这个题目大家会很惊讶，宝宝又不工作，怎么会累呢？宝宝累了是什么样子呢？怎样让累哭了的宝宝不哭呢？

其实宝宝的劳累，很多时候是大人们造成的。明明宝宝要睡了，大人们却在唧唧呱呱聊天；或者你一下、我一下的逗宝宝玩，让宝宝想睡都睡不成。

宝宝累了时是什么样子呢？

大多数时候，爸爸妈妈很容易看出宝宝累了，累了的宝宝往往会睡眼惺忪，还会哈欠连连，个别的宝宝还会哭闹，拼命想翻身，甚至还会屈身。有的宝宝还会踢腿，或者用小手无力地乱抓。当宝宝出现这些情况的时候，说明宝宝已经累了。如果大人不管，继续喧闹，或者仍然"一厢情愿"地逗宝宝玩，宝宝就只有用号啕大哭表示抗议了。

宝宝累的时候怎样哭呢？

宝宝因为累而哭的时候，哭声特别激烈，节奏带有颤抖和跳跃，还透出一种不耐烦的情绪，同时还会用小手揉眼睛。一般情况下，劳累引起的哭闹大多会持续 10~30 分钟，宝宝越累，哭得声音越大，时间也越长。

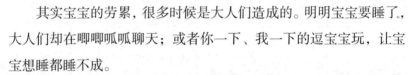

如果宝宝长期因为疲劳而哭泣，很可能会造成宝宝神经衰弱，即使睡着了睡眠质量也非常差。这样，会严重影响宝宝的成长和发育。

贴心提示：

怎样才能让劳累而哭的宝宝停止哭泣？

当宝宝累哭了的时候，妈妈应该立刻保持屋子的安静，同时播放些轻柔缓慢的音乐，让宝宝的神经放松，慢慢地宝宝就不哭了。

平时，妈妈应该认真观察宝宝，一旦宝宝出现疲劳的迹象，就赶紧安静下来，让宝宝尽快入睡。为了宝宝的健康，最好让宝宝养成按时作息的习惯，每天在宝宝临睡前半小时，就让屋里安静下来，让宝宝在安静的环境中放松自己，逐渐进入睡眠。

如果宝宝过于兴奋，或者睡不着，可以用本书前面的办法哄宝宝入睡。

五、宝宝啼哭原因之五——害怕

宝宝天生就对很多东西有一种恐惧感，例如：凶猛的动物、鞭炮的声音、陌生人的脸等。很多时候，宝宝会因为害怕而哭泣。那

么，什么东西会让宝宝害怕呢？妈妈应该怎样做，才能避免宝宝受到惊吓呢？对于因为惊吓而哭闹的宝宝，妈妈应该怎样安抚呢？

宝宝受到惊吓的原因很多，但是主要原因有以下几类：

（1）在宝宝完全没有精神准备的时候，发出巨大的声响。例如：在宝宝耳边猛然大声说话、剧烈的鞭炮声等。

（2）睡眠中受到惊吓。例如：宝宝在车里睡觉，道路的颠簸。

（3）妈妈强迫宝宝做一些事情。例如：宝宝不喜欢洗澡，但是妈妈不管三七二十一，猛地把宝宝放进浴缸里面。

（4）被新奇古怪的东西吓到。例如：动物园里的河马、老虎等。

（5）营养不良导致宝宝容易受到惊吓。当宝宝的身体缺乏营养的时候，往往就容易受到惊吓。

爸爸妈妈应该怎样减少宝宝受到的惊吓呢？

（1）保证宝宝营养均衡充足，避免宝宝因为营养不良而受惊。

（2）爸爸妈妈应该认真观察宝宝，尤其在宝宝睡觉的时候，不要在房间里面喧哗。

（3）爸爸妈妈不要强迫宝宝做他不喜欢的事情，即使必须要做，例如洗澡，也要用比较委婉的方式劝说宝宝。

（4）不要带宝宝去过于拥挤、喧闹的地方。一旦宝宝在热闹的地方哭闹起来，最好的办法就是尽快把宝宝带回家。

贴心提示：

爸爸妈妈应该怎样安抚受惊的宝宝？

当宝宝受到惊吓的时候，妈妈可以拥抱宝宝，妈妈的怀抱可以带给宝宝莫大的安全感，也可以像抚摸小狗一样抚摸宝宝，这样的抚摸也具有很大的镇定和安慰作用。

六、宝宝啼哭原因之六——刺眼的光亮

　　爸爸妈妈不难发现，晚上的时候，宝宝原本睡得好好的，但爸爸妈妈一打开电灯，宝宝就很快醒来，然后哭闹不止，这是怎么回事呢？

　　光亮对于宝宝的眼睛有什么刺激呢？

　　我们在电视中常常会看到，在抢救塌方掩埋的人员时，被抬出来的人都被蒙上了眼睛，很多医生也禁止记者对准伤员拍照。这是因为人在黑暗的环境里，瞳孔会放大甚至散开，当突然遇到光亮的时候，眼睛就会感到刺痛，甚至会被刺伤。

　　宝宝的视觉神经还没有发育成熟，受不起任何的刺激。黑暗当中，宝宝睡得好好的，爸爸妈妈突然打开电灯，宝宝肯定会感觉不舒服，甚至疼痛。自然就会大哭起来。

贴心提示：

　　爸爸妈妈应该怎样照顾宝宝，让宝宝的眼睛不受强光伤害？

当宝宝在夜里睡觉的时候，爸爸妈妈尽量不要开灯，即使开灯，灯光也要暗淡一点，而且要尽量离宝宝远一点。

很多父母，因为担心宝宝的安全，常常彻夜开灯睡觉，这种做法也是十分错误的。在灯光下睡眠，必然会导致宝宝的睡眠质量低下，长期下去，还会影响宝宝身体以及智力的发育。

第二节　半岁到一岁的宝宝为什么更爱哭

很多老年人会告诉年轻的爸爸妈妈，宝宝越大越不爱哭，可是，很多宝宝在半岁之后，比以前更爱哭了，这是为什么呢？

一、宝宝用眼泪表达抗议

1. 我忍无可忍啦

当宝宝哭闹的时候，爸爸妈妈赶紧要看一下，是灯光太刺眼了？还是电视声音太大了？是人们说话的时间太长了？还是周围有什么奇形怪状的东西让宝宝害怕了？

很多时候，当妈妈给宝宝创造一个安宁的环境之后，宝宝就会停止哭泣。

2. 我可能受伤了

如果宝宝的哭声像汽笛一样尖锐猛烈，妈妈应该立即检查，是宝宝被床栏杆卡住了？还是被衣服或者袜子的线头伤到了？或者是被灰尘迷了眼睛？只要排除这些因素，宝宝自然就会停止哭泣。

3. 赶紧给我换尿布

"皮薄肉嫩"的宝宝对干湿的感受特别敏锐，当干爽的尿布变成湿答答的水蒲团的时候，宝宝肯定就会不答应了。宝宝因为尿布问题而哭闹的情况，往往会有以下几种表现：

（1）小手会向小屁股摸过去，同时嘴里发出"嗯嗯"的声音。

（2）全身扭动，好像在试着寻找一块干爽的地方让自己躺下。

当宝宝出现上述的表现之后，妈妈就应该第一时间检查，是不是尿布已经湿透了，只要及时给宝宝换上干爽的尿布，他就会停止哭泣。

经过科学家观察发现，让宝宝睡湿尿布，不仅仅会让宝宝哭哭闹闹，更容易让宝宝患上湿疹和皮肤病。

4. 我饿了，怎么还没有东西吃

这个时候，宝宝往往会用很低的声音哭泣，但是哭的声音特别有节奏，而且会循环重复一组"音节"。很多新手爸妈对这种低沉的哭泣并不敏感，认为宝宝在"无事哭"，其实，这个时候，宝宝已经饿得没力气哭了。把宝宝饿成这个样子，真是为人父母的失职啊！因此一旦判断宝宝是饿哭了，那就别犹豫了，赶紧给宝宝喂奶吃吧。

二、哭泣是宝宝获取宠爱的一种小伎俩

宝宝跟大人一样，也有喜怒哀乐，而且宝宝也能感受到大人的喜怒哀乐。渐渐地，宝宝就会找到一个规律：每次哭完闹完，总是能够得到妈妈的爱抚或者甘甜的乳汁。这样次数多了，宝宝自然就会把哭闹当成博得爸爸妈妈同情的一种小伎俩。面对宝宝的小伎俩，爸爸妈妈应该怎么办呢？

1. "磨人精"的心理需求

有些宝宝特别让人心烦，只要身边没人，就会扯开嗓门，大声哭泣，这些宝宝往往被人称为"磨人精"或者"爱哭鬼"。"磨人精"到底是怎么养成的呢？

宝宝的性格越敏感，对社会、环境适应的能力就越差，也越容易成为"磨人精"。"磨人精"的哭声一般比较低，而且声音很小，往往还都是干打雷不下雨。这时候，如果仔细观察宝宝，会发现宝宝哭的时候还伴随着其他的动作，例如：用眼睛盯着奶瓶、用手指指着好玩的玩具或者对大人伸出手来，希望大人拥抱他。只要大人能满足他的要求，他就会立刻停止哭泣。所以，爸爸妈妈应该给"磨人精"的宝宝更多的关爱和安全感，这对宝宝建立稳定的情绪，以及健全的人格有着很大的影响。

2. 用哭声吸引爸爸妈妈注意

现在的生活节奏越来越快，很多时候，爸爸妈妈常常会因为工作的忙碌而疏忽了宝宝，加上很多育儿书籍片面强调对宝宝"自立"能力的培养，必然会让宝宝出现"感情饥饿"。很多时候，宝宝为了吸引爸爸妈妈的注意而大声哭泣，目的是让爸爸妈妈赶来照顾自己。

当宝宝因为"感情饥饿"而哭闹的时候，往往哭声响亮，也是干打雷不下雨。此时，只要爸爸妈妈多多抱抱宝宝，或者抚摸宝宝，宝宝的感情得到了满足，自然就不会哭闹了。

3. 用哭声获得妈妈的拥抱以及安全感

很多时候，宝宝明明看上去哭得很伤心，但是只要妈妈把宝宝抱起来，宝宝就会立刻停止哭泣。这是为什么呢？

出现这种情况之后，妈妈应该认真回想一下，是不是很长时间没有拥抱宝宝了。如果答案是肯定的，那说明宝宝哭闹，只是为了得到妈妈的拥抱，以及感受被妈妈拥抱的安全感。

有的时候，妈妈难免会担心，常常抱宝宝会惯成宝宝很多坏毛病，关于"一哭就抱"的问题，前面我们已经介绍了，拥抱宝宝的时候，只要掌握好时机和频率，就不会惯坏宝宝。

三、爱哭的宝宝更健康

很多妈妈可能记得，在宝宝出生的时候，如果不哭，无论是医生、护士还是家人，都会感觉特别紧张。虽然哭闹会让爸爸妈妈十分心烦，但是哭其实意味着宝宝的身体健康。那么，哭对宝宝有什么好处呢？哭闹过少对宝宝有什么危害呢？爸爸妈妈应该怎样应对宝宝的啼哭呢？

1. 哭的好处

健康宝宝的啼哭，声音洪亮，而且时间非常短暂，爸爸妈妈可以感受到宝宝的生机和活力。哭完之后，宝宝无论是精神还是食欲都特别好，而且在哭完之后，宝宝的面色红润，皮肤颜色粉红。对于这种哭泣，爸爸妈妈无须理会，因为这种啼哭，对于宝宝的身体非但没有害处，反而有不少好处。

对宝宝来说，哭闹，是锻炼肺活量的最好的时机。哭闹可以使宝宝的胸腔增大，肺泡扩张，充分锻炼宝宝的呼吸肌，使宝宝的身体得到充分的发育。同时，在哭闹的时候，宝宝可以得到比以往更多的空气，从而促进全身的血液循环，同时还可以增强消化系统的功能，有利于宝宝身体的成长和发育。

现在的爸爸妈妈热衷于让宝宝学游泳锻炼身体，或者引导宝宝在床上挥挥小手，伸伸小腿，却往往忽视"哭"这一最基本、最简便、也是最安全的运动。"哭"可以消耗宝宝体内多余的热量，达到身体营养的均衡。

从语言发展的角度来看，哭也是宝宝的一种语言。宝宝的啼哭，不仅可以促进身体的发育，还可以促进宝宝智力的发育，尤其对今后语言的发展，有着不可估量的作用。

妈妈可以每天定时让小宝宝哭一会儿。当然，哭闹的前提是宝宝没有任何的身体不适且室内空气新鲜，氧气含量正常。千万不可以让宝宝在狭小封闭的空间哭，这样容易造成宝宝窒息。

2. 没有适当哭闹的危害

很多爷爷奶奶见不得宝宝哭，一哭就哄，或者想尽办法制止宝宝哭。但是，如果宝宝得不到适度的啼哭，那么他体内多余的营养就得不到消耗，而且肺泡以及呼吸器官也得不到良好的锻炼，无法充分发育，甚至血液循环、新陈代谢都会受到阻滞。将来宝宝身体发育肯定受到影响，抵御疾病的能力也会有所下降，到那时候，哭的不是宝宝，而是爸爸妈妈了。

贴心提示：

如何应对宝宝的啼哭？

爸爸妈妈不能剥夺宝宝哭闹的权利，并不是说眼睁睁看着宝宝哭得死去活来，却不去管他们。每次宝宝哭泣的时候，爸爸妈妈应该在第一时间检查宝宝的情况，看宝宝是渴了，还是饿了？是不是哪里受伤了或是生病了？还是需要换尿布？

如果宝宝只是想要得到爸爸妈妈的关注和抚摸，那么不用把宝宝抱起来，只要牵牵他的小手、和他说说话即可。有的时候，用手或者柔软的手帕为宝宝擦眼泪，也是安抚宝宝的好办法。

四、缺钙的宝宝半夜爱啼哭

1. 缺钙引起夜间啼哭

有些半岁以后的宝宝经常夜晚啼哭不止，白天也不如以前活泼，可是又没有患上其他疾病，让爸爸妈妈很是困惑。其实，宝宝夜哭的现象，大多时候是由宝宝身体缺钙引起的。

2. 宝宝缺钙的表现

因为宝宝生长发育非常快，进行户外活动的时间却很少，太阳照射量也不足，所以即使宝宝不缺营养，也经常会因为钙质吸收不充分而导致缺钙。宝宝缺钙的时候，常常会有以下几种症状：

（1）无论温度如何，宝宝总是频频出汗，尤其在睡眠中，后脑勺会大量出汗。后脑勺的湿润，导致宝宝频频摩擦枕头，时间长了，宝宝的后脑勺会出现枕秃。

（2）宝宝精神暴躁，易怒，但是不如以前活泼，也不如以前精神，而且任何事物，都很难引起宝宝的兴趣。

（3）宝宝常常会半夜惊醒，然后哭个没完没了。

（4）正常情况下，1 岁左右，宝宝就开始长牙了，而且前囟门开始闭合。如果宝宝缺钙，长牙就晚，而且囟门很难闭合。

（5）各个肋骨的软骨上面，往往会出现珍珠样的增生，这些增生会压迫宝宝的肺部，造成宝宝呼吸困难，很容易患上气管炎和肺炎。

如果宝宝身体严重缺钙，全身都会很软。而且肚子常常会积攒气体，像个大青蛙。还有的宝宝，脊柱发育不良，往往会出现驼背的现象。

贴心提示：

爸爸妈妈应该如何给宝宝补钙呢？

（1）在阳光明媚，但不炎热的天气，带宝宝到室外活动。老祖母们常常告诉我们："多晒太阳可以长大个儿。"这是很有科学道理的。太阳光中的紫外线，可以促使皮肤内的胆固醇转化成维生素 D，而维生素 D 是促进钙质吸收的重要元素。尤其是在春秋季节，爸爸妈妈更应该趁着宝贵的阳光，多带宝宝去外面逛逛。

（2）口服维生素 D，促进钙质的吸收。现在宝宝的食物当中并不是缺乏钙质，而是宝宝无法吸收。所以，父母可以在医生的指导之下，为宝宝添加维生素 D，以促进钙质的吸收。同时，也可以在医生的指导下，为宝宝添加一些补钙的药剂。但是要注意，补钙的药剂要在两餐之间服用，且尽量不要随餐服用，以免食物影响钙质的吸收。

五、为什么宝宝一吃奶就哭闹

好多半岁以后的宝宝一直吃奶吃得好好的，但突然有一天，宝宝就是不想吃奶了，甚至看到奶瓶就哭闹。爸爸妈妈绞尽脑汁却一点办法也没有。虽然这个时候宝宝的吃奶量比平时要少，但是宝宝却没有生病。

那么宝宝厌奶的原因究竟有哪些呢？

1. 生理性厌奶

大多数宝宝均属于生理性厌奶，半岁之前的宝宝，饿了就会闹着吃奶，而且吃得很"英勇"，体重也增长得特别快。但是半岁之后，宝宝就不再"一鼓作气"地吃奶了，而是一边吃一边玩儿，听到周围有声响、有人走动，就停止吃奶。个别的宝宝甚至把妈妈的乳房或者奶嘴当成了玩具，只玩儿不吃。

还有不少宝宝，根本连奶碰都不碰，一看见奶就变脸，若妈妈喂给他们果泥、蔬菜泥、米粉以及各种蛋奶糊糊却吃得有滋有味。

以上都被称为"生理性厌奶期"。在"生理性厌奶期"，虽然宝宝吃奶吃得很少，但是，只要宝宝的发育基本不受影响，而且精神不错，智力发展也正常，妈妈就不用过分担心。

2. 身体内部调节厌奶

很多时候，宝宝忽然拒绝吃奶，是因为在最近的一段时间里，摄入了大量的母乳或者婴儿配方奶粉。宝宝无法消化这些东西，只能拒绝吃奶，慢慢消耗体内多余的营养。

身体内部调节造成的厌奶，就更不用担心了，而且更不能硬让宝宝吃奶，否则很有可能造成宝宝呕吐，甚至会导致母子关系的恶化。

当宝宝身体因为内部调节而厌奶的时候，妈妈应该尽量用清爽一点的食物代替乳汁，例如：菜汁、米粉、蛋奶糊等。但是要注意，这些食物的浓度不能太高，否则也会让宝宝感觉不舒服。连续喂几天清淡食品，等宝宝把身体里多余的热量消耗完，自然就又会喜欢吃奶了。

3. 贪玩厌奶

明明到了吃奶的时间，但是宝宝还是舍不得放下自己的玩具，即使在妈妈的督促下勉强吃奶，也是有一口没一口的，稍微有一点响动，就会停止吃奶，眼睛骨碌碌的四处乱转，有的时候，还会一挺身，或者使劲向上一蹿，让妈妈心惊肉跳。

出现贪玩厌奶的现象，其实不是坏事，这表明，随着宝宝的智力发育，宝宝由单纯的只关注自己的吃喝，发展到了关注周围的环境。

遇到这种情况，妈妈就要想一些对策，以调整宝宝吃奶时的情绪。不要在宝宝玩得开心的时候给宝宝喂奶吃，更不要让宝宝在吃奶之前，做一些剧烈的运动。最好在吃奶半个小时之前就让宝宝渐渐地平静下来。同时，在喂宝宝吃奶的时候，应该选择一个安静的环境，以免干扰宝宝吃奶。

4. 因为喜欢吃辅食厌奶

说实话，宝宝吃了半年的母乳了，终于有一天，吃到味道完全不一样的食物了，宝宝当然会胃口大开，以前甘甜的乳汁也失去吸引力了。面对宝宝因为爱好辅食而拒绝吃奶的现象，妈妈不用太担心，可以由着宝宝的兴趣，让宝宝选择自己爱吃的食物。如果担心宝宝的营养不够，可以用母乳搅拌宝宝喜欢吃的米粉或者糊糊，做出营养又可口的食物，满足宝宝的需要。只要宝宝的胃口开了，自然慢慢就会找回对母乳的兴趣。

其实，很多时候，宝宝厌奶并不是真正的不想吃奶，只是对乳汁的容器感到了厌烦。同样是一瓶奶，装在这个奶瓶里面，宝宝一口不吃，但是换个奶瓶，宝宝却吃得美滋滋的，所以妈妈一定要认真观察，对症下药。

值得注意的是，当宝宝对妈妈的乳汁再次感兴趣的时候，不能一次性喂太多奶，应该慢慢地来，将喂奶的量逐渐地增加，直至恢复原来的奶量。

六、如何让宝宝不再哭

当宝宝又哭又闹的时候，爸爸妈妈是应该让宝宝哭一会儿呢？

还是应该立刻放下手头一切事务，赶紧哄宝宝呢？新手爸妈肯定都有这样的经历：小宝宝哭了，但是不知道为什么哭，而且怎么哄也哄不好。

1. 爸爸妈妈应该如何应对哭泣的宝宝

经过研究发现，哭不仅仅能够锻炼宝宝的呼吸肌和肺泡，增加肺活量；对于大一点的孩子来说，哭还可以释放压力，缓解不良的情绪。

如果爸爸妈妈可以明确宝宝哭泣的原因，尤其当宝宝提出一些不合理的要求，而妈妈没有答应导致宝宝哭泣的时候，爸爸妈妈暂时不用安抚，可以由着宝宝哭闹一会儿。但是，如果宝宝哭起来没完没了，爸爸妈妈就要插手了，否则会导致宝宝呕吐甚至声带受伤，即使哄过来，也是上气不接下气，"呼哧呼哧"地换半天气，才能缓过来。

如果宝宝哭个死去活来，却找不到原因，那么，很可能是宝宝病了，爸爸妈妈应该赶紧带宝宝去看医生。

2. 如何让宝宝快速停止哭泣

每个宝宝都有"软肋"，只要找好对策、用对方法，就可以在很短的时间内哄好宝宝。以下几种方法，可供新手爸妈一试：

（1）将宝宝用柔软的毯子裹好，轻轻拍打宝宝的后背，拍打的节奏要和妈妈的心跳相同。

（2）把宝宝放进摇篮，轻轻晃动，慢慢的宝宝就会安静，渐渐还会睡着。

（3）把宝宝横放在妈妈肚子上，用手小心地按摩宝宝的背部，让宝宝放松，自然就不会哭了。

（4）给宝宝洗个舒服的澡也是制止宝宝哭泣的一种方法，洗澡时可以在澡盆中滴几滴精油，香气可以分散宝宝的注意力。

（5）把宝宝抱在怀里，来回走动。因为小宝宝特别喜欢和大人有亲密的身体接触，宝宝高兴了自然也就不哭了。

（6）给宝宝放点轻柔缓慢的音乐，既能转移宝宝的注意力，还能放松宝宝的神经。

如果以上种种办法都不管用，那么爸爸妈妈可以找爷爷奶奶，或者家里其他人看一会儿宝宝，宝宝看见新的面孔，因为好奇，自然也就不哭了。

如果爸爸妈妈想尽一切办法都不能制止宝宝哭泣，那就别犹豫了，赶紧带宝宝去看医生吧。

第三节　如何让一岁到一岁半的宝宝哭得更健康、更顺畅

　　哭泣对于宝宝来说，并不一定是坏事，但是，如何让宝宝哭得健康、哭得流畅呢？

　　一岁到一岁半的宝宝已经具备了最基本的感情，所以妈妈需要处理的问题也就更多了：为什么宝宝的哭声会传染呢？为什么宝宝会钟情于毛绒玩具呢？身为妈妈的你，知不知道很多时候，宝宝只是因为无聊才会哭闹？既然哭泣不是坏事，那是不是宝宝哭得越多越好呢？宝宝的哭声和生病又有什么关系呢？现在就让我们一一揭开谜底。

一、为什么宝宝看见别的宝宝哭，也会一起哭

1. 宝宝的哭声有传染性

　　临床上观察发现，如果婴儿室里有一个宝宝哭泣，往往容易引起室内其他宝宝跟着一起哭泣。哭泣，是宝宝们最初的信息交流方

法，也可以说是宝宝们语言的"初级阶段"。当一个宝宝哭泣时，同处一室的其他宝宝会受到他的难过情绪的感染，最后演变成室内的宝宝们集体大声哭闹的情况。

2. 宝宝的同情心和模仿能力

一般来说，哭泣的传染是"由大传小"，年龄大点的宝宝哭了，小点的宝宝就会去主动学习，跟着一起哭起来。这种情况是由于年纪小的宝宝具有强烈的模仿欲望，当他看到年纪大的宝宝哭泣，就会去模仿，一起哭起来。

宝宝 1 岁之后，感情比以前更加丰富，并且学会了思考。宝宝明白，其他宝宝之所以会哭泣，是因为他们遇到了伤心的事情，然后以自己的角度去猜测这个宝宝为什么哭泣，甚至天真地把自己的妈妈找来安抚哭泣的宝宝。小宝宝比成年人具有更强的同情心，他们的感受力也特别敏锐，往往能够真切地感受到同龄人的苦恼。如果年龄小点的孩子先哭了，宝宝就会产生同情心，把别人的痛苦误以为是自己的，从而也会跟着他一起哭泣，所以就会出现有的宝宝因为同情心而对别的宝宝进行安慰，自己也会跟着哭的情形。

3. 内心的不安全感

小宝宝因为年纪还小，并不明白其他的宝宝为什么会哭泣。但是当他看到其他宝宝哭的时候，即使自己没有伤心、烦恼的事情，心里也会产生一种不安全感，于是跟着一起哭泣。

贴心提示：

妈妈们应该如何应对宝宝哭声的传染呢？

（1）当宝宝遇到这种情况时，爸爸妈妈可以用其他的办法转移宝宝的注意力。比如，可以给宝宝一些玩具陪他一起玩耍，也可以和他一起唱儿歌，或者放音乐给宝宝听，这样就会缓解宝宝的情绪，让他停止哭泣。

（2）爸爸妈妈可以把宝宝抱出去，远离正在哭泣的宝宝，这种方法是最有效的。如果屋内有别的宝宝在哭泣，爸爸妈妈可以带着宝宝去室外转一圈，等到屋内的宝宝不再哭闹时再回来，这样自家宝宝就不会跟着其他宝宝哭泣了。

（3）让宝宝感觉到你就在他身边，你会保护他，给他安全感。这样宝宝就不会因为别的宝宝大声的哭闹而感到不安了。

（4）每个孩子都希望别人把他当大人看，你也可以用和同龄人说话的口气与宝宝对话，让他知道哭泣并不是解决问题的唯一办法，他就能很快安静下来。

二、宝宝为什么钟情毛毛熊

好多妈妈都会碰到这样一种情况，自家的宝宝很是钟情某一个毛毛熊或者其他的毛绒玩具，受委屈了抱着它哭，高兴了也抱着它，甚至会一个人抱着毛毛熊，咕咕唧唧地对它诉说一天的事情……这

究竟是什么原因呢？

宝宝喜欢抱着毛毛熊的原因

一是把毛毛熊当作心灵的慰藉。随着生活压力的增大，越来越多的家长都在为工作而奔波，没有太多的时间陪伴宝宝，不少宝宝长期承受着亲情的缺失。宝宝喜欢抱着毛毛熊是由于长时间得不到亲情的安慰。也有另外一种可能就是送给宝宝毛毛熊的人在他心中是个特别的人，而他对这个人很依恋，就有可能把他送的礼物当作一种心灵的慰藉。

二是把毛毛熊当作依靠。由于缺乏安全感，宝宝可能会把毛毛熊或其他事物当作缓解恐惧心理的"救命稻草"。比如宝宝晚上独自睡觉或者去一个陌生的地方，会感到紧张，进而产生恐惧心理，这就需要借助毛毛熊等物品来帮助自己缓解害怕的心理。长此以往，毛毛熊慢慢地就变成了宝宝的依赖物。

宝宝长时间地抱着毛毛熊，渐渐地就赋予了毛毛熊一种特殊的意义，甚至会把毛毛熊当作自己唯一的好朋友，很自然地把受安慰的模式和毛毛熊结合在一起，于是就会有刚开始提到的受到委屈就想要抱着毛毛熊哭，或者高兴时也要抱着毛毛熊的现象。时间长了，宝宝就很难再摆脱他这个不真实的"伙伴"，甚至会有过多地依赖毛毛熊的行为。

贴心提示：

怎样改善宝宝对毛毛熊的依赖？

大多数时候，爸爸妈妈不用纠正宝宝依恋毛毛熊的行为，只要注意毛毛熊的干净卫生即可。如果宝宝过分地依恋毛毛熊，爸爸妈妈就应该想办法纠正宝宝的行为。具体可以从以下几个方面做起：

（1）爸爸妈妈应该尽量多多陪伴自己的宝宝

宝宝不是你饲养的宠物，不是只给他提供吃的、穿的，他就能够快乐健康地长大。对于宝宝来说，爸爸妈妈陪伴在身边的安全感以及幸福感，是任何物质都无法代替的。只有宝宝得到了爸爸妈妈更多的关爱，他们才不会感到孤独和焦虑，更不会从物品的身上寻求情感的慰藉。

（2）爸爸妈妈要多拥抱和抚摸宝宝，给他安全感

父母的拥抱对宝宝来说是天下最好的礼物。拥抱和抚摸不一定要在夸奖宝宝时给予，不要等到宝宝做了好事才去拥抱他。爸爸妈妈应该经常拥抱宝宝，尤其是在宝宝感到不安和紧张时，更要多抱抱他。拥抱就像是在告诉宝宝：我在就你身边，我永远爱你；有我在，什么都不用怕……

（3）经常给宝宝更换玩具，让他摆脱对单一玩具的依赖

在日常生活中，爸爸妈妈要不断地变换宝宝的玩具。比如，先让宝宝摆弄一会儿积木，再让宝宝自己操纵遥控飞机，也可以把宝宝带到户外，让宝宝看看五颜六色的景物，分散宝宝对毛毛熊的注意力，让他知道，还有很多东西比毛毛熊好玩。时间久了，宝宝自然可以摆脱对毛毛熊的依恋。

三、宝宝用哭泣表达需要

虽然一岁半的宝宝已经开始学习说话，但是由于语言能力有限，

很多时候，宝宝也只能用哭泣来表达自己的需要和愿望。

1. 打嗝

哭声：宝宝的哭声连续、短促，说明宝宝是因为打嗝而难受。

对策：妈妈用手摩擦宝宝的背，同时轻轻拍打宝宝即可，同时注意要给宝宝的小肚子保暖。

2. 想睡了

哭声：用颤抖的声音哭闹，而且哭声当中透出来一阵阵的不耐烦，同时还用小手揉眼睛，这就说明宝宝已经很困，要睡觉了。

对策：妈妈应该让宝宝周围的环境迅速安静下来，同时还要将灯光调暗，尽快让宝宝入睡。

3. 不舒服

哭声：宝宝的哭声先强后弱，而且声音错乱，很可能表明宝宝身体不舒服。

对策：很多时候，宝宝的难受不一定需要去医院，妈妈可以帮宝宝翻个身或者给宝宝把把尿，都会让宝宝停止哭泣。

4. 肚子胀气

哭声：宝宝边哭边弯曲身体，而且会把脚丫向胸部弯曲，头向肚子弯曲，这就说明，宝宝的肚子里面有胀气。

对策：让宝宝趴在妈妈的膝盖上，轻轻摩擦宝宝后背，或者让宝宝平躺，按摩宝宝的胃部即可。

5. 冷了

哭声：宝宝的嘴唇紫红，哭声低沉而且颤抖，全身向一起收缩，哭泣的时候身体很少活动，手脚冰冷，这就说明宝宝是因为寒冷而哭泣。

对策：妈妈可以时不时的摸摸宝宝的小手小脚，如果宝宝手脚发凉，就说明宝宝需要添加衣物或者被子了。

虽然宝宝的哭声有一定的规律，但是每个宝宝的哭声又都有自己独特的特点，爸爸妈妈应该在平时认真观察宝宝的习惯，仔细聆听并且辨别宝宝哭声的差异，如果有困难，就在奶奶或者姥姥的指导下进行，以免到了宝宝号啕大哭的时候，心思忙乱，更无法辨别宝宝的哭声了。

四、宝宝爱哭，也许是因为太无聊

1.没人理我我就哭

很多人认为宝宝不具备感情，其实，宝宝也会寂寞，也有交流的渴望。当宝宝的交流愿望得不到满足的时候，肯定会心里烦躁，继而哇哇大哭起来。这时候宝宝的哭声比较有特色，先是发出像叹息一样的几声缠绵悠长的哭声，而且这种哭声，来自于喉咙底部，如果爸爸妈妈还不理他，宝宝就开始大哭了。

这时候，爸爸妈妈要立刻放下手中的事情给宝宝以关注，可以拍一拍、抱一抱他，也可以轻轻哼唱经常给宝宝听的歌，或者把玩具拿出来和宝宝一起玩，很快，宝宝的精神就能镇定下来。当宝宝哭个不停的时候，最好把宝宝抱起来，放在妈妈的左胸处，让宝宝听到妈妈的心跳声。另外，爸爸妈妈在给宝宝洗澡、擦婴儿油的时候，轻轻地哼歌、抚摸宝宝，也可以给宝宝带来足够的安全感。

2. 厌烦了长久的独自玩耍或想办的事情办不到

爸爸妈妈在忙自己的事情时，有可能会把宝宝放在床上给他一个玩具让他自行玩耍，时间一长宝宝就会感到厌烦。因为宝宝对一件事物的注意力只能维持很短的时间，很快就需要新的事物来吸引他的目光，否则可能会因为无聊而哭闹。有时宝宝也会因为想办的事情没办到而生气，进而大声哭闹。比如，爸爸妈妈没把玩具给他、够不到自己想要的东西等。

如果宝宝长时间玩一个玩具感到厌烦，爸爸妈妈就可以拿给他另一个新鲜的玩具，也可以把宝宝抱到其他的房间，或者陪宝宝说说话。如果外面天气好的话，还可以把宝宝带到外边，让宝宝看看外面的花草树木，如果爸爸妈妈实在没时间，就可以给宝宝播放动画片或者童话 CD，让热闹的画面和音乐转移宝宝的注意力。这样宝宝就会重新对其他事物感兴趣而不再哭闹。爸爸妈妈在忙完之后，也要及时注意宝宝的需要，解决宝宝的问题。

很多宝宝在无聊的时候，不但会哭，还会发脾气、乱摔乱扔东西，对这样的宝宝，爸爸妈妈应该给予更多的关爱，要多亲亲、抱抱宝宝，时不时地给宝宝一点新鲜的东西玩儿。有时间的爸爸妈妈尽量陪宝宝做些游戏或体操，不然就准备几个新奇有趣的玩具，交替拿出来，让他忙得不亦乐乎，这样宝宝也就没有时间哭闹了。

五、小心别让宝宝哭坏了身体

放任宝宝哭泣也要有个度，不能让宝宝长时间的大哭不止，更不能让宝宝哭到声嘶力竭，以免损伤宝宝的声带。

1. 过度哭闹对大脑产生负面影响

很多妈妈认为，宝宝哭累了自己就会停下来。但是如果宝宝哇哇大哭，爸爸妈妈却不予理睬，那种没人疼、没人爱的感受，会对宝宝的大脑产生负面影响。如果这样的事情经常发生，也会给宝宝的成长留下心理阴影。

育婴专家认为，爸爸妈妈不该冒险给宝宝留下心理阴影，不该放任宝宝大哭。但是这并不是说，只要宝宝哭，妈妈就要管，一般来说，如果宝宝只是小声的哼唧几声，爸爸妈妈就没必要管宝宝。但如果宝宝一直哭，爸爸妈妈就要注意了，一般来说，不要让宝宝连续哭闹超过 20 分钟。

当宝宝把眼泪当作武器，威胁爸爸妈妈满足他的无理要求的时候。妈妈的态度一定要坚决，不合理的要求就是哭闹也不满足他，妈妈要用语言明白地告诉宝宝，别认为小宝宝完全听不懂，宝宝也是很聪明的。

2. 过度哭闹引起屏气

不少宝宝在哭闹的时候，往往会突然哭不出声来，同时脸色发紫，这种现象叫作"屏气"。屏气一般持续时间为十几秒到几分钟，如果不及时处理，大多数会造成窒息，个别的宝宝会四肢抽动，严重时会造成宝宝的死亡。

贴心提示：

屏气发作时要注意的事项

尽管宝宝屏气发作的时候很吓人，但是爸爸妈妈千万不要惊慌失措，更不能手脚忙乱。爸爸妈妈可以将宝宝平放在床上或者毯子上，保持呼吸畅通，同时松开宝宝所有的紧身衣物，用手帮宝宝屈腿或者抻拉宝宝的胳膊，拍打后背或者脚心。如果没有改善，就用手指按压宝宝的人中、印堂等穴位，让宝宝尽快恢复过来，但无论如何，都不能把宝宝紧紧搂在怀里，避免缺氧的现象更加严重。

宝宝的哭闹是有度的，适度的哭泣能让宝宝生长发育得更快，但是过度的哭闹则会给宝宝带来严重的后果。所以爸爸妈妈千万要注意在宝宝过分的又哭又闹的时候，要及时地哄抱宝宝，以防过度哭闹危害宝宝的健康。

六、宝宝突然爱哭是生病的征兆

宝宝大多数情况下是因为自己的愿望或者要求没有得到满足而哭泣，但也不能排除很多时候是因疾病而哭泣，如果不论爸爸妈妈怎样抱怎样哄都无法搞定，那么宝宝可能是生病了！

以下所列的几种疾病，是导致宝宝大声哭闹的常见原因：

1. 肠痉挛

患肠痉挛的宝宝，哭声是一阵一阵、时哭时不哭的，而且宝宝的小肚子会发出咕咕噜噜的声音。妈妈可以把手掌搓热，放在宝宝的肚子上，也可以让宝宝弯腰，放松腹部的肌肉，减轻宝宝的痛苦，让宝宝渐渐安静下来。

2. 肠套叠

这时候的宝宝哭声像汽笛一样尖锐激烈，而且一次哭闹长达十几分钟，同时还会出现脸色发灰、嘴唇发白、额头出冷汗，严重的时候，还会出现便血的症状，若用手摸摸宝宝的肚子，可以摸到搅成一团的肠子。这时候，爸爸妈妈应该立即带宝宝去医院治疗。

3. 佝偻病

佝偻病就是俗称的骨软化症。大多数宝宝缺的不是钙，而是缺乏促进钙吸收的维生素 D。这种病最大的特点就是宝宝喜欢在夜间哭闹，而且夜汗严重、出牙慢、囟门迟迟不能闭合。

4. 其他疾病

任何的不舒服都会让宝宝不停哭闹，例如中耳炎、感冒、鼻塞等。作为一个合格的妈妈，应该认真观察宝宝的日常生活习惯，当宝宝出现异常的时候，应该及时带宝宝去医院检查。

总之，妈妈在抚育宝宝的过程中，应该逐渐掌握并学会听懂宝宝的各种哭声，对宝宝生理需求和心理需求要及时给予回应，不要让宝宝养成喜欢哭闹的坏习惯。对生病引起的哭闹，如握拳、蹬腿、烦躁不安、哭声特别尖锐或凄厉等现象发生时，应该及时带宝宝去看医生。

第四节　好妈妈，引导宝宝正确地哭

　　看到这个题目，妈妈一定很奇怪，什么是正确的哭呢？对于宝宝来说，怎样的哭泣才是健康的呢？妈妈的爱抚对于宝宝有什么作用呢？怎样才能以和平的方式来拒绝宝宝呢？宝宝不爱哭是好事吗？大多数妈妈都知道，音乐对于宝宝来说，是最好的止哭良药，但是应该如何选择音乐呢？作为一个称职的妈妈，又怎样才能让宝宝主动地停止哭闹呢？

一、什么是健康无害的哭泣方式

　　尽管啼哭对宝宝的身体很有好处，但是如果让宝宝过度的哭泣则对宝宝的身体是有害的，还可能会引起一系列的问题。那宝宝怎样哭泣才是健康无害的呢？

1. 宝宝健康的哭泣方式

哭是宝宝能够流利地表达自己、与父母或周围进行情感交流的一种方式，健康的哭泣和笑同样有益于宝宝的智力发育。

当宝宝健康地哭的时候，声音洪亮、抑扬顿挫，并且大多时候是干打雷不下雨，能够正常的吃饭、睡觉、游戏。宝宝健康哭泣的最大特点就是时间短、次数多，只要被抚摸或者轻轻拍两下，就可以停止哭闹。

2. 健康的哭泣对宝宝的益处

前文已经介绍了哭泣对于宝宝呼吸器官的好处。另外，宝宝在哭泣的时候流出的眼泪，也是最天然健康的"洗眼液"，可以把眼里的灰尘等废物冲刷出去，让宝宝的眼球一直保持干净的状态，有效地预防眼病。

需要注意的是，宝宝哭泣的时候强行喂奶或者塞食物给宝宝的办法不但不可取，还容易呛到宝宝。

贴心提示：

宝宝哭泣要恰当

当然，任何事情都是过犹不及的，宝宝的哭泣也不例外。爸爸妈妈尽量不要让宝宝哭得过于激烈和持久。

二、好妈妈，会爱抚

婴儿不但需要生理上的照顾，更需要精神上的慰藉，尤其是宝

宝哭叫的时候，更希望爸爸妈妈给他们爱抚和拥抱。

1. 哭闹的宝宝需要爱抚

科学家研究统计发现：宝宝在哭闹的时候，如果得不到必要的关心和回应，必然会妨碍身体和智力的发育。那么，爸爸妈妈应该怎样安慰哭闹的宝宝呢？

肌肤接触是满足宝宝情感需要的一种特别有效，而且极其温和的方式。在哭闹的时候抚摸宝宝既能制止宝宝的哭闹，又可以镇定宝宝的情绪。

2. 安抚的方法

在宝宝哭闹的时候，按摩以下几个部位，不但可以让宝宝停止哭泣，而且能够有效促进宝宝的身心健康发展，帮助宝宝形成良好的人际关系。

（1）胸部：爸爸妈妈可以把双手搓热，分别放在宝宝的两侧肋骨上，自下而上地抚摸，这种手法可以有效避免宝宝屏气。

（2）腹部：爸爸妈妈可以一边用眼睛盯着宝宝，一边用搓热的双手按摩宝宝的小肚子。这种方法有助于宝宝的肠胃蠕动，促进食物的消化，同时能够防止便秘，而且可以有效地缓解宝宝腹部的疼痛。

（3）上肢：爸爸妈妈可以帮助宝宝活动上肢，但是注意不要太用力，以免伤到宝宝。这样不但可以增强宝宝上肢的协调性和灵活性，而且可以让亲子关系更加密切，给宝宝更多的安全感。

（4）下肢：爸爸妈妈可以握住宝宝的小腿，指挥宝宝运动，同时给宝宝按摩下肢。这样，可以有效地让宝宝的身体放松，停止哭闹。

（5）背部：爸爸妈妈可以让宝宝脸朝下趴在自己的大腿上或

者手臂上，像抚摸小狗一样抚摸宝宝，这样不但能让宝宝呼吸顺畅，还可以放松宝宝的身心。

三、如何拒绝宝宝的不合理要求

很多时候，只要宝宝一哭，种种不合理的要求往往都可以得到满足，时间久了，哭就成了宝宝让爸爸妈妈答应自己无理要求的撒手锏。

我们经常可以看见这种情况：热闹的商场里面，宝宝在玩具柜台前撒泼打滚，爸爸妈妈感到颜面尽失，恼羞成怒，在宝宝屁股上狠狠来一下；家里在招待重要的客人，可是宝宝却哭个没完，爸爸妈妈一生气就把宝宝关进卧室。

对于宝宝无理取闹的哭啼，爸爸妈妈绝对不能心太软，更不能纵容，否则宝宝只会变本加厉，甚至认为哭是灵丹妙药。长期下去，不但家长头疼，也会对宝宝的性格发展产生不利的影响。

贴心提示：

当宝宝无理取闹、撒泼大哭的时候，应该怎样拒绝呢？

对待宝宝的哭闹，有的父母采取"软"的办法，有的父母采取"硬"的办法，这些都不是解决问题的好方法。只有以理服人才是正确的。但是以理服人，不等于简单的说教，要在实际中灵活运用。比如在宝宝耐心接受道理之后，给宝宝一点奖励，但要注意的是，绝对不能用满足其不合理要求作为对宝宝的奖励。为了让宝宝成为一个自律的人，更为了让宝宝学会控制自己的欲望，爸爸妈妈应该树立起威信，狠心拒绝宝宝的无理要求，以下方法可供爸爸妈妈参考。

两岁以下的宝宝，思维和语言功能都不完善，大道理肯定听不懂，所以面对宝宝的无理要求，只能干脆利落地说"不！"如果宝宝因为没有满足他的愿望而没完没了地又哭又闹，就给他一点惩罚，例如：取消一天当中的动画片时间或者外出散步时间。

当宝宝大哭大闹的时候，爸爸妈妈不能哄他，但是可以在宝宝身边抚摸他，用这个动作给宝宝传递一个信息：爸爸妈妈时刻在你身边，但是不会因为你哭就无条件投降。反复多次让宝宝意识到，哭不是灵丹妙药，之后宝宝自然也就不用这种办法威胁爸爸妈妈了。

四、宝宝不哭就是乖么

很多宝宝的哭闹让爸爸妈妈心烦，但是有些宝宝却很少哭，偶尔哭的时候，也是像小猫一样哼哼几声。宝宝不哭就是好事情吗？

宝宝过于乖巧可能是不健康的表现

如果宝宝在出生之后，很少哭闹，甚至不哭，那么爸爸妈妈就要注意了，因为，这意味着宝宝可能患有某些疾病。

什么疾病会导致宝宝不爱哭呢?

（1）某些先天性疾病:比如先天性的严重大脑发育不全,或者先天性的呆小症。这样的病儿出生之后吸吮能力很差,而且平时很少哭闹,即使饥饿也不会出声,同时还会有腹胀、便秘、两眼间距过宽、表情呆板等表现。

（2）严重的全身性疾病:例如黄疸、红斑狼疮或者败血症。这种病儿往往会拒绝吃食物,即使吃,也吃得极少,对人对事反应冷漠,天天昏昏沉沉。

贴心提示:

宝宝在过于乖巧的情况下,爸爸妈妈需要注意的事项

宝宝过于安静并不一定是好事,爸爸妈妈应该检查宝宝是不是正常地吃奶以及排便,同时还要跟其他宝宝比较,是不是出牙较晚、囟门闭合较迟、智力发展比同龄宝宝落后。一旦发现异常,应该及早送宝宝进医院就诊,并且接受治疗。

五、音乐是最好的止哭良药

实验证明,刚出生的宝宝,只要在他的旁边轻轻晃两下风铃,宝宝就会停止哭泣。在宝宝1周大的时候,就已经可以分辨妈妈的

声音了，再焦躁不安的宝宝，听见妈妈的声音，都会安静下来。

如果在宝宝哭闹不止的时候，给宝宝听一段轻柔的音乐，大多数宝宝都会慢慢安静下来。给宝宝听音乐有什么好处呢？什么样的音乐可以让宝宝不哭呢？

给宝宝听音乐的好处

大多数妈妈在怀孕时都会做一些音乐胎教，如给宝宝播放一些优美的钢琴曲或者让宝宝安睡的摇篮曲之类。因此，对于小宝宝来说，这些优美的音乐是在爸爸妈妈的声音之外最为亲切的一种声音了！给宝宝听音乐，不仅能够促进宝宝产生安全感，而且在音乐的影响下，宝宝在人格情操方面也会同时得到提升。

常常听音乐的宝宝其面部表情很和善，肢体动作也明显比不听音乐的宝宝活泼、优雅许多，领悟能力也比一般宝宝要高，不但可以很快领悟妈妈的意图，还能与妈妈良好地沟通。胎教音乐不仅可以安抚宝宝的心灵，更能给宝宝带来如回到妈妈子宫般的安全感。

贴心提示：

什么样的音乐能让宝宝不哭？

千万不要认为，只要是音乐就可以让宝宝停止哭泣，某些摇滚、重金属音乐只会吓到宝宝，甚至不少妈妈拿着橡皮玩具在宝宝耳边挤压，发出的吱吱呀呀的声音，也会把宝宝吓坏。给宝宝选择音乐的时候，特别要注意，音乐当中不能有突然高亢的片段，更不能有过于强烈的节奏，最好选择胎教音乐给宝宝听，可舒缓宝宝紧张的神经，促进宝宝身体和智力的发育。

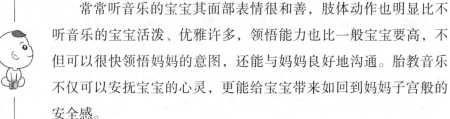

六、引导宝宝学会自己停止哭泣

大多数家长都会认为，宝宝的哭闹是父母的无能，并把宝宝的哭闹看作一种麻烦。的确，哄宝宝是一件特别麻烦的事情，有没有什么办法让宝宝自己停止哭泣呢？

让宝宝放声地哭

我们经常可以看到这样的情景，宝宝在学习走路时一不小心摔倒了，这时宝宝肯定摔得很疼，满脸憋得通红，伴随着的是放声大哭。面对这种情景，妈妈可以把宝宝搂在怀中，抚摸着他受伤的地方告诉他："如果你觉得疼，就放声地哭吧，妈妈就在你身边。"宝宝的伤痛不是一句话两句话就能缓解的，如果你告诉他"想哭就哭"，你这种对宝宝感受的认可和宽容让宝宝获得了精神上的安慰，他知道你是关心他的，这时疼痛也不再那么难以忍受了。同时，短暂响亮的哭泣，可以让宝宝的情绪得到充分地释放，当宝宝心理的压力消除之后，自然就会停止哭泣了。

贴心提示：

如何让宝宝不再过多哭闹？

好多爸爸妈妈都会遇到这样的事情：随着宝宝年龄的增加，哭泣的次数也在增加。对于有些聪明的宝宝来说，他会发现哭闹是最有效的求救办法，能让爸爸妈妈立刻关注自己。当宝宝遇到自己不能办到的事情的时候，第一个反应就是用哭闹声来召唤父母，让他们帮助自己解决问题。

其实在这种情况下你可以告诉宝宝，下次遇到麻烦的事可以直接找妈妈，不用哭闹妈妈就会立刻赶到，而且你要尝试着这样做几次。慢慢地宝宝就不会再用哭泣来寻求帮助了，他会用自己的语言告诉你他需要帮助了。

第五节 小测试：你了解宝宝哭泣的原因吗

不会说话的宝宝，不管心情好不好、是冷还是热、是渴还是饿，一律用连哭带闹的方式表达。经过前面的学习，你是否明白宝宝哭泣的原因了呢？下面让我们一起来做做下面的小测试，看看是否可以当个称职的新妈妈。

宝宝的哭泣大多是因为生理上的痛苦，如饿了、渴了、困了、尿布湿了、太冷、太热或者生病等。

1. 宝宝哭泣时的行为表现：宝宝的哭声声调很低，有节奏，而且重复着一定的模式——先发出一声短促的啼哭，然后停顿一下，再次发出短促的哭闹，再次停顿。这个时候宝宝哭闹的原因是(　　　)

A. 饥饿 　　　　　B. 身体过冷 　　　　　C. 疲倦

答案：A

2. 宝宝哭泣时的行为表现：每天定时定点地哭，而且哭的时候双腿绷直，甚至双脚也是直直地伸着，而且常常出现在宝宝1岁之

前。此时宝宝哭闹的原因是（　　　）

　　A. 肠绞痛　　　　　B. 尿布湿了　　　　　C. 疲倦

　　答案：A

　　3. 宝宝哭泣时的行为表现：宝宝一边哭，一边转动脑袋四处乱看，看不到人时声音很小，一般只有哼哼唧唧的声音；一旦看见人，就开始哇哇大哭，仿佛受了天大的委屈。此时宝宝哭闹的原因是（　　　）

　　A. 身体不适　　　B. 生病了　　　　　C. 寂寞、无聊

　　答案：C

　　4. 宝宝哭泣时的行为表现：啼哭的声音很低，而且往往是干打雷下不下雨，这种哭闹大多发生在宝宝睡醒之后或者吃完奶之后，同时还伴随着两脚乱蹬、身体频繁晃动。此时宝宝哭闹的原因是（　　　）

　　A. 过冷或过热　　　B. 尿布湿了　　　　　C. 寂寞、无聊

　　答案：B

　　5. 宝宝哭泣时的行为表现：哭声低沉，而且有一定的节奏，妈妈摸宝宝的时候，会感觉宝宝的小手小脚冰凉，同时宝宝的脸色发白、嘴唇发紫。此时宝宝哭闹的原因是（　　　）

　　A. 身体过冷　　　B. 饥饿　　　　　C. 生病了

　　答案：A

　　6. 宝宝哭泣时的行为表现：哭闹得特别激烈，还耍花腔，连续号叫，哈欠一个接一个，还透出不耐烦的情绪，同时还用小手揉眼睛，大人怎么哄逗，也不能引起他的兴趣。此时宝宝哭闹的原因是（　　　）

　　A. 身体不适　　　B. 饥饿　　　　　C. 困倦

　　答案：C

　　7. 宝宝哭泣时的行为表现：经常会被突然出现的声响吓得哇哇

大哭，或母亲的离开也会引起宝宝的哭闹。如果出现在陌生的环境当中，则是表情非常紧张，眼睛紧盯四周的环境，一旦出现一点动静，立刻号啕大哭。此时宝宝哭闹的原因是（　　）

　　A. 生病　　　　　B. 缺乏安全感　　　C. 无聊、寂寞

　　答案：B

8. 宝宝哭泣时的行为表现：这种哭泣，常常在宝宝吃饱之后，而且是很突然的哭声，第一声像是叹息，又长又响，之后是一分钟左右的安静，紧接着一声大哭，又是一声大哭。此时宝宝哭闹的原因是（　　）

　　A. 饥饿　　　　　B. 消化不良、腹胀　　C. 困倦

　　答案：B

9. 宝宝哭泣时的行为表现：哭泣时间长而且声音怪异，往往出现在吃饱之后或是睡觉之前，一般会连哭带闹几十分钟，大多数时候给人感觉呼吸不顺畅，听上去甚至有想哭哭不出来的感觉。此时宝宝哭闹的原因是（　　）

　　A. 缺乏安全感　　B. 生病　　　　　　C. 寂寞、无聊

　　答案：C

10. 宝宝哭泣时的行为表现：宝宝此时的哭喊声是不同于其他时候的，他的哭声是尖锐的、急迫的而且会持续很长的时间。同时伴随着眉头皱起，拼命挤压闭着的眼睛、嘴巴不时地紧闭、嘴角强烈下咧。有些宝宝在哭泣时还会摇动他们的双臂和双脚。当妈妈去抚摸孩子小手小脚的时候，孩子会立刻收回它们。此时宝宝哭闹的原因是（　　）

　　A. 疼痛　　　　　B. 缺乏安全感　　　C. 饥饿

　　答案：A

第五章

感知交流，用妈妈的身体感知宝宝的心理

　　在 20 世纪中期，埃及的一家育幼院的修女，出于对于宝宝的关爱，每天都要拥抱、抚摸襁褓内的宝宝，结果大大降低了宝宝的死亡率。所以，跟宝宝的肢体交流，不但能够安慰宝宝，而且能够让宝宝感到爱和信任，从而大大促进宝宝生理、心理的健康发展。

第一节　半岁以下宝宝的"皮肤饥渴症"

"皮肤饥渴症"是中国孩子普遍存在的问题，怎样才能避免宝宝染上"皮肤饥渴症"呢？为什么妈妈在拍打宝宝的时候，宝宝会特别高兴呢？我们大多数人都是被摇着晃着长大的，摇晃宝宝，到底有没有危险呢？为什么明明正在哭闹的宝宝，经过妈妈的抚摸，就能迅速安静下来呢？为什么喜欢拥抱妈妈的宝宝，却时常喜欢对妈妈，或者其他大人"撞羊头"呢？

一、宝宝喜欢被拍打

触觉是新生宝宝最敏锐的感觉，宝宝还在妈妈子宫里的时候，就已经具有触觉了，丰富的触觉不但对宝宝的健康有着重要的影响，而且能够促进宝宝的智力与情绪的发展。爸爸妈妈应该跟宝宝多接触，这样不但能够联络亲子之间的感情，更有利于宝宝未来的成长

和健全人格的建立。

1. 触觉是最重要的感觉

触觉是人体分布范围最广的系统，宝宝的全身都有灵敏的触觉，频繁而又良好的触觉刺激，是宝宝健康成长的重要因素，而且宝宝可以通过触觉，尤其是拥抱与抚摸，获得一种在别处得不到的满足与舒适，在他的小小的内心深处，产生爱与被爱的幸福感。

2. 触觉因人而异

触觉的最主要的感应器官就是皮肤，由于宝宝皮肤的薄厚以及质地都有差异，所以触觉信息的传导速度，以及传导路径都不一样，同样的温度、刺激，每个宝宝的感受不一样，反应更不一样。

3. 胎儿就已经有触觉

宝宝在妈妈的子宫里面7个星期的时候，就已经有了触觉，并且能够通过皮肤感受周围的刺激。当妈妈抚摸腹部皮肤的时候，胎儿完全可以感受到。控制内耳平衡的刺激，发育得也比较早，当妈妈身体晃动的时候，宝宝的内耳系统就会受到刺激。如果内耳系统得不到良好的刺激，就不能发育完全，长大之后的宝宝特别容易晕车、晕船。

贴心提示：

妈妈应该如何促进宝宝的触觉的发展呢？

为了让宝宝的触觉系统得到完善的发展，妈妈可以在每天的固定时间给宝宝身体一些刺激，不妨试试以下几个动作：

（1）从宝宝的胳肢窝开始，向手腕轻轻地按压；

（2）用手指肚在宝宝的身上画圈圈；

（3）拿着宝宝的两只小手，用一只手的手心摩擦另一只手的手背。

二、宝宝可以被"摇晃"吗

老祖母告诉我们，我们都是被摇晃着长大的。可是，现在很多人认为，摇晃宝宝会让宝宝的脑部受伤。那么，摇晃宝宝到底对宝宝有没有害处呢？我们能不能摇晃宝宝呢？

1. 不可用力摇晃宝宝

当宝宝哭闹的时候，中国的妈妈们大多会抱着宝宝一边摇晃一边散步，如果宝宝还哭，就会增加摇晃的幅度，加大摇晃的力量。但是，这是一种十分危险的做法。新手爸妈绝对不能使劲摇晃宝宝，否则很有可能会对宝宝造成严重的伤害。

新生宝宝的脑袋和身子不成比例，跟成年人相比，新生宝宝的头部较大，而且由于宝宝的肌肉和骨骼发育都不够完善，颈椎甚至处在一种柔软的状态。同时由于新生宝宝的脑袋里面含有大量的水，摇晃宝宝的时候，宝宝的脑袋就像一个装有水的瓶子一样，当停止摇晃之后，脑袋里面的水必然会冲击脑部的组织，造成不可估量的伤害。如果摇晃力度过大，甚至会将宝宝柔弱的脖子晃断，造成宝宝全身瘫痪。

2. 摇晃宝宝也有一些好处

大多数中国人是在摇篮里面被摇晃大的，所以，摇晃宝宝并不是一无是处。轻柔的、适当的摇晃反而能够促进宝宝的身体发育，尤其对于天生平衡感差的宝宝，通过摇晃，可以提高宝宝的平衡能力。但是妈妈一定要注意，尽量在摇篮里面摇晃宝宝，万不得已抱着宝宝摇晃的时候，一定要牢牢保护好宝宝的颈椎。

3. 宝宝是否能摇晃

那么我们到底能不能摇晃宝宝呢？回答当然是能，但是一定要注意摇晃的幅度。虽然说没有哪个家长会把宝宝摇晃得跟不倒翁一样，但是很多情况下，家长往往不能很好地掌控，尤其是在宝宝哭个不停的时候，心烦意乱的爸爸妈妈会不自觉加大摇晃的幅度和力度。所以，爸爸妈妈千万不能在激动的状态下抱着孩子，一定要将孩子放在安全的地方。

贴心提示：

切勿做危险动作！

个别的家长会让宝宝在怀里荡秋千，甚至把宝宝高高抛起来，这种做法绝对要禁止。

三、妈妈的抚摸能让宝宝迅速安静下来

爸爸妈妈可能会发现，在自己抚摸宝宝时，宝宝会变得非常平和而快乐。

1. 抚摸有益宝宝健康

给宝宝进行有规律的抚摸，有利于宝宝的生长发育。妈妈的抚摸，不但可以减轻宝宝的啼哭，使宝宝的睡眠加深，还可以促进宝宝肠胃蠕动，增强宝宝的消化能力，甚至能够增强宝宝的免疫力；同时，抚触可以增强宝宝与父母的交流，帮助宝宝获得安全感，发展对父母的信任感。心理学研究发现，在婴儿时期常常受到抚摸的宝宝，在长大之后，待人随和、乐于助人，能够较快地融入集体。

而且科学家研究发现，妈妈的抚摸，可以促进宝宝和妈妈的大脑分泌更多的后叶催产素，可以让宝宝和妈妈都拥有平静祥和的感觉 (后叶催产素是在抚触过程中男性和女性都会释放的一种荷尔蒙，它对于缓解疼痛和使人平静有帮助作用)。

2. 既然抚摸对宝宝有这么多的好处，那么妈妈在抚摸宝宝的时候，应该注意些什么呢？

（1）首先，应该保持房间里面的温度适宜，一般保持在 28 摄氏度。同时，还要确保抚摸宝宝的时候，不会受到外部干扰。

（2）在抚摸宝宝的时候，应该让宝宝舒服地躺着，在条件允许的情况下，可以播放一些柔和的音乐给宝宝听。

（3）在抚摸宝宝的时候，宝宝不能太饱，也不能太饿，最好给宝宝洗个温水澡，再进行抚摸。

（4）在抚摸之前，应该把双手搓热，避免冰凉的手刺激到宝宝，还可以在手上涂一些比较清爽的润肤露。

（5）抚摸宝宝的时候，要注意控制时间，每次不要超过 20 分钟，一天不要超过 3 次。一旦宝宝出现睡眼惺忪的模样，就要立刻停止。

（6）当宝宝出牙的时候，爸爸妈妈可以适度抚摸宝宝的脸蛋，以减轻宝宝出牙的痛苦。

（7）开始抚摸宝宝的时候，一定不能用太大的力气，而应该让宝宝慢慢适应妈妈的抚摸。

（8）抚摸宝宝的时候，不一定要让宝宝保持某个特定的姿势，如果宝宝哭了，就先想办法让宝宝安静，然后再继续抚摸。如果宝宝哭得厉害，就应该立刻停止抚摸。

贴心提示：

抚摸时不要让宝宝感觉不适

在抚摸宝宝的时候，绝对不能把润肤露弄到宝宝的眼睛里面，更不能让妈妈的指甲划伤宝宝。

四、宝宝为什么喜欢妈妈抱

宝宝具有极其敏感的触觉，但是宝宝各个部位的敏感度是不同的，眼睛、额头、嘴巴周围、手心、脚心的敏感度较高；大腿外侧、胳膊外侧以及躯干的敏感度就很低。当宝宝哭闹的时候，妈妈可以把宝宝抱起来，亲亲、抱抱宝宝，很快就能让宝宝安静下来。这就充分地表明，宝宝可以通过大人的抚摸，感受到温暖和爱，让自己安静下来。

妈妈给予新生婴儿的抚摸，有很多好处，可以让宝宝有良好的情绪，而且抚摸还是早期母子交流的重要手段之一，可以有效地促进亲子之间的感情沟通。

1. 出生后的 1 小时内，宝宝需要抱

我们都知道，宝宝出生之后，护士会在第一时间把宝宝送进妈妈的怀里，让妈妈抚摸宝宝。妈妈的抚摸，可以让新生儿尽快地适应这个世界，而且妈妈的抚摸是一种无法替代的亲子交流，可以提高宝宝的睡眠质量，促进宝宝的消化吸收，对宝宝的生长发育有极大的好处。

通过统计调查，出生后接受抚摸的宝宝，普遍比不能受到抚摸的宝宝要聪明很多。这足可以证明，抚摸可以促进宝宝智力的发展。

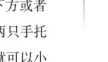

2. 抱起和放下宝宝，是妈妈跟宝宝接触的最好的时机，那么，妈妈应该如何抱起和放下初生的宝宝呢？

（1）抱起仰卧宝宝，妈妈可以一手托住宝宝的背部下方或者臀部下方，另一只手轻轻托住宝宝的脑袋。然后，同时用两只手托起宝宝，让宝宝的头靠在妈妈的胳膊上。抱起宝宝之后，就可以小心地调整宝宝头部的位置，把宝宝的头放在妈妈的胳膊或者肩膀上，注意千万不要让宝宝的脑袋耷拉下来。

（2）抱起倒卧的宝宝，当妈妈抱起倒卧的宝宝的时候，可以先用一只手垫起宝宝的脖子，另一只手托住宝宝的小屁股，将宝宝托起的时候，千万不要让宝宝的头悬空，然后慢慢将宝宝抱进怀里，调整一下姿势，让宝宝躺得舒服一点。

（3）抱起俯卧的宝宝，妈妈可以先用一只手垫住宝宝的胸部，同时用前臂撑住宝宝的下巴，另一只手托住宝宝的小屁股，慢慢抬高宝宝，同时转动宝宝，使宝宝的脸冲着妈妈，并且靠近妈妈的身体。然后，调整一下姿势，让宝宝舒舒服服地躺在妈妈的怀抱里。

（4）仰卧放下宝宝，一手托住宝宝的肩膀，将宝宝的头靠在妈妈的胳膊上，同时，用另一只手托住宝宝的小屁股，轻轻地把宝宝放在床上即可。抽出手的时候，应该先抽出宝宝屁股下面的手，再轻轻抽出托住宝宝脑袋的那只手。

（5）侧着放下宝宝，让宝宝的脑袋靠着妈妈的手肘，将托住宝宝头部的手放在床上，先轻轻抽出宝宝身子底下的那只手，然后两只手托住宝宝的脑袋，最后轻轻放下宝宝的头，协助宝宝调整一下身体的姿势就可以了。

五、宝宝为什么喜欢用脑袋顶妈妈

无论是高兴，还是烦恼，宝宝都会用脑袋来顶撞妈妈。宝宝之所以会这样做，是因为宝宝的语言能力没有发育完善，很多时候，不能用语言来表达自己的感受，只能用"撞"这个动作来表达自己

的情绪。对于宝宝"撞羊头"的行为，爸爸妈妈不用太担心，只要注意宝宝的安全就可以了。

1. 因为高兴而撞人

如果宝宝因为高兴而撞人，被撞的人应该把宝宝抱起来，放在小床上，双手按住宝宝的肩膀，告诉宝宝应该怎样表达自己的喜悦，不能因为高兴了就撞人。而且最好能够演示一下，当宝宝模仿自己的时候，应该给宝宝适度奖励，次数多了，宝宝也就学会了。

2. 因为生气撞人

当宝宝因为生气而"撞羊头"的时候，必须及时制止宝宝，告诉宝宝，有了意见可以告诉妈妈，不可以随便撞人。

3. 四处乱撞的宝宝

极少数宝宝脾气特别暴躁，发起脾气来，甚至会撞床或者撞玩具。面对这种宝宝，在保证宝宝安全的前提下，不妨让宝宝撞疼一次，然后安静地坐在宝宝的身边，等宝宝平静下来，使用上述的方式引导宝宝，坚持几次，就可以发现宝宝开始慢慢学会用正确的方法表达自己的愿望了。

第二节 半岁到一岁的宝宝，会用身体和妈妈交流

半岁到一岁的宝宝，已经会跟妈妈进行简单的交流了。那么，面对只会哼哼唧唧的宝宝，妈妈应该怎样跟他交流呢？

一、学会与宝宝交流

1. 与宝宝交流，表情很重要

6 个月到 1 岁的宝宝，已经可以观察妈妈的表情了，所以，跟宝宝交流的时候，一定要重视，并且要充分发挥表情的作用。

2. 宝宝做得好，用表情给予宝宝鼓励和赞扬

当宝宝做对了某些事情的时候，爸爸妈妈应该用和蔼的微笑表达自己的喜悦和赞美。例如，大多数宝宝在 4 至 5 个月的时候，就

被爸爸妈妈抱着练习把尿。如果宝宝能够服从命令听指挥，在爸爸妈妈的指引下，顺利地解完小便，爸爸妈妈应该面带笑容，喜悦地对宝宝说："宝宝真棒！"同时可以亲亲宝宝的脸。

任何一个宝宝看见爸爸妈妈欣喜的表情，听着爸爸妈妈热情的赞扬，再加上爸爸妈妈甜蜜的亲吻，肯定可以明白，爸爸妈妈希望他这样做。

为了再次得到爸爸妈妈的赞扬，宝宝就会再次努力地做好，这样反复多次，就可以让宝宝自己养成把尿的习惯。

另外，当宝宝主动把掉在地上的东西捡起来的时候，妈妈可以用饱含喜悦和热情的声音对宝宝说"谢谢"，看到妈妈慈祥的笑容，听着妈妈夸奖的声音，宝宝自然就会明白，这样做是对的。如果宝宝再出现类似的行为，而且同样可以得到妈妈的赞扬，宝宝的正确行为就会得到强化，最终形成良好的习惯。

3. 当宝宝做出某些不好的事情的时候要严厉制止

现在的宝宝独生子女居多，难免受到爸爸妈妈甚至爷爷奶奶的溺爱。有的父母，总是觉得宝宝还小，无论宝宝干什么，爸爸妈妈都不生气、不介意，往往会采取不干涉、不限制的政策。爸爸妈妈可能认为，自己没有鼓励宝宝，就等于表明了自己的反对态度。其实，在宝宝看来，爸爸妈妈不批评，就等于默许，甚至鼓励。这样时间久了，肯定会让宝宝变成一个不明是非、不辨黑白的人。长期以往，宝宝就会变得十分霸道、任性、为所欲为。

所以，当宝宝做出某些错误或者危险的行为的时候，爸爸妈妈必须要制止宝宝，尤其要用表情表示自己的愤怒和不满，同时要配合眼里的语言，一定要让宝宝知道，这样做不对。例如：当宝宝把小手伸向明亮的灯泡的时候，爸爸妈妈应该立刻告诉宝宝："不能拿，危险！"虽然宝宝并不明白"危险"的含义，但是通过妈妈严厉的语气，担忧的神情，就会明白，这个东西是不能随便拿着玩儿的。

贴心提示：

读懂宝宝的行为

（1）大声喊叫。宝宝之所以大声喊叫，是因为宝宝烦了、恼了、怒了。6 个月到 1 岁的宝宝，特别容易在嘈杂的环境当中受到干扰。宝宝无比烦躁，却不能用语言表达自己的痛苦，只能用尖叫以及大哭大闹来表达自己的苦恼。面对宝宝因为烦恼而发出的大喊大叫，妈妈可以带宝宝到安静的房间听听音乐，也可以带宝宝去公园看看五颜六色的花朵。同时，爸爸妈妈要严格要求自己，即使再烦恼、再生气，也不要在家里大喊大叫，避免宝宝有样学样。

（2）乱啃东西。宝宝在长牙的时候，牙床往往会又疼又痒，爸爸的手机、妈妈的棒球帽、家里的筷子等很多乱七八糟的东西，都会成为宝宝啃咬的对象。遇到这种情况，爸爸妈妈不用惊慌，等到宝宝的牙齿长齐之后，乱啃东西的现象自然就会消失。为了满足宝宝啃咬的要求，可以给宝宝吃点磨牙棒饼干，或者给宝宝一根大棒骨啃也可以。

（3）张开双臂。当宝宝看见自己喜欢的人的时候，往往就会冲着自己喜欢的人张开双臂。这是宝宝在向人表示亲热和欢迎，意思是：我很喜欢你，赶紧抱抱我吧！

（4）转头避开。6 个月左右的宝宝往往会用扭脸或者转头的方式，来表达讨厌或者拒绝。例如：当陌生人或者宝宝害怕的人想要拥抱宝宝的时候，宝宝一般会将头转到一边去，表示不愿意与那个人接触。

二、寻找适合宝宝的夜间育婴方式

　　刚出生的宝宝，除了吃奶之外，其他一大半时间是在睡梦当中度过的。但是，因为宝宝已经在黑暗当中度过了将近一年的时间，所以宝宝根本没有白天黑夜的概念，很多时候，熟睡的妈妈会被一声啼哭惊醒。面对半夜哭闹的宝宝，妈妈往往会慌了神，不知道该怎么办。

　　1. 提早准备，全面思考，做好宝宝的夜间护理工作

　　作为新手爸妈，在睡觉之前，应该充分估计宝宝在夜间可能出现的情况，在这个基础上准备好宝宝可能需要的所有的物品，当宝宝在夜间醒来的时候，就可以根据情况及时处理，不但宝宝少受罪，也可以避免新手爸妈的手忙脚乱。

　　那么，宝宝夜间护理常常会出现什么状况呢？

　　根据育儿专家统计，以下几种情况，是宝宝在夜间经常出现的护理问题：被子盖得太厚、太冷或者太热、睡衣太紧、蚊叮虫咬、口渴、饥饿、尿布湿了、长时间一个睡姿造成身体麻木、枕头或者被子堵塞鼻孔造成呼吸困难以及突发性的疾病。

那么妈妈应该怎样做，才能减少甚至避免宝宝在半夜醒来呢？

2. 宝宝就寝环境要舒适

如果妈妈想要宝宝安稳舒适地进入睡眠，首要条件是要调整好室内的环境以及温度，以下是儿科医师给出的建议。

宝宝床的位置：在摆设宝宝床的时候，一定要保证不能让自然风或者空调风直吹到宝宝，否则轻则伤风感冒，重则口眼歪斜。

睡衣、寝具：天气再热，也不能让宝宝裸体睡觉，而且宝宝的睡衣应该选择无刺激的纯棉睡衣，并且要常常更换。天气凉的时候，可以让宝宝穿上宽松的长袖衣服；天气炎热的时候，可以用纯棉的薄单围住宝宝的小肚子。

环境：提前打扫宝宝的卧室，避免宝宝受到蚊虫叮咬。但是，绝对不能在宝宝睡觉的时候点燃蚊香，否则可能会造成宝宝中毒。

贴心提示：

夜间护理新生宝宝的几点经验

（1）当宝宝因为饥饿半夜醒来的时候，最省事的就是母乳喂养了，妈妈只要用干净的热毛巾将乳房擦拭干净，就可以给宝宝喂奶了。

（2）吃奶粉的宝宝，爸爸妈妈睡前的准备工作就比较复杂了。需要准备一两个消毒的奶瓶、冷热纯净水、毛巾等。而且这些东西最好远离宝宝的床，免得睡得迷迷糊糊的爸爸妈妈碰倒这个，带倒那个，吓到甚至烫伤宝宝。

需要注意的是，无论是母乳喂养，还是吃奶粉的孩子，在吃完奶之后，都必须喂宝宝两口水喝，避免奶水残留在宝宝的口腔内，产生细菌，危害宝宝的健康。

很多妈妈白天劳累了一天，夜间迷迷糊糊地给宝宝喂奶，肯定特别容易出事，这时候，夜间喂奶的事情只能由爸爸代劳了。即使是母乳喂养的宝宝，也可以让妈妈在睡觉之前，用吸奶器吸出奶水，将奶水放进冰箱，当宝宝饥饿的时候，将奶水拿出来温热就可以喂宝宝吃了。

（3）尿布、被褥

初生的宝宝没有大小便的意识，尤其是在夜间，宝宝的大小便特别频繁，如果长期让宝宝的小屁股处在潮湿的环境当中，很容易让宝宝患上湿疹以及其他的皮肤病。所以，新手爸妈应该在睡前准备干爽的尿片或者尿不湿备用。

值得注意的是，无论宝宝使用的是尿布还是尿不湿，最基本的前提都是清洁、无菌。在宝宝尿床之后，不但应该及时更换尿片或者尿不湿，同时也应该更换潮湿的被褥。

（4）衣物

尿床、吐奶都会弄脏、弄湿宝宝的衣服，所以爸爸妈妈应该在睡觉之前为宝宝准备好更换的衣服。

（5）安抚用品

初生的宝宝往往会强烈地依赖某些东西，如奶嘴、玩具等。只要把这些东西放在宝宝手里，宝宝很快就能平静下来。所以，在睡觉之前，爸爸妈妈可以准备一些宝宝喜欢的东西放在宝宝床的附近，如果宝宝半夜醒来，吃饱了、喝足了、尿布干爽了，还是迟迟不能入睡，就可以借助这些东西来安抚宝宝。另外，胎教音乐也可以给宝宝带来镇定和安慰。

（6）干、湿纸巾

给宝宝擦脸、擦净嘴角的奶汁以及清理宝宝的大小便，都少不了纸巾。爸爸妈妈最好把纸巾放在自己的身边，一旦有情况，可以随时处理。

（7）常用药品、体温计及温度计

所有的父母都不希望宝宝生病，但是为了以防万一，还是要准备好常用的药品以及体温计。

另外，最好在宝宝的卧室里面悬挂一个温度计，因为很多时候，敏感的宝宝之所以不肯入睡，是因为室内温度不合适。如果宝宝不肯喝水、不肯吃奶，而且尿布干爽的时候还是不肯入睡，这个时候，妈妈就要抬头看看温度计了，根据温度计的显示温度，以及宝宝的表现，将室内温度调高或者降低。

以上只是夜间护理宝宝的必需物品，爸爸妈妈可以根据自己宝宝的爱好和特点添加其他的东西，但是准备的所有东西都有以下几个基本原则：干净、无菌、无毒、使用方便。最好准备一个小箱子，将这些东西分门别类的收起来。

三、握紧、张开和伸出手

1 岁之前的宝宝，大多数不会说话，但是能够使用表情、动作来表达自己的意愿。宝宝开始使用肢体语言，表明宝宝有了与人交流的

意识以及愿望，越早使用肢体语言的宝宝，今后的表达能力也越好。爸爸妈妈应该鼓励宝宝使用肢体语言跟人交流，例如，当奶奶出门的时候，妈妈可以告诉宝宝："跟奶奶再见。"同时抓住宝宝的右手向奶奶挥手，反复多次，宝宝就可以了解"再见"可以用挥手表示了。

宝宝的小手不但可以用来跟大人交流，而且平时的灵活度也体现了宝宝的智力发育程度，一般来说，手越灵活，宝宝也就越聪明。那么，爸爸妈妈应该怎样锻炼宝宝的小手的灵活度呢？

1. 半岁到一岁的宝宝常见的手部活动

手指握物

半岁到一岁的宝宝，大拇指的肌肉已经开始发育，这时候的宝宝能够借助大拇指的力量握住物品，个别的宝宝甚至可以用手指捏住东西。

左右两手可以各拿一个东西

妈妈给宝宝一个玩具，宝宝可以伸手接住，而且能够稳稳当当地握住玩具；妈妈再给宝宝一个同样的玩具，宝宝会用另一只手接住，而且两只手的姿势一模一样。

鼓掌

妈妈两只手鼓掌，宝宝也会模仿妈妈的样子，用两只手相对着鼓掌。

认知

当宝宝被妈妈抱在怀里的时候，宝宝会用手摸妈妈的头发、眼镜、首饰以及衣服上的花；当爸爸抱宝宝的时候，宝宝会乱掏爸爸胸兜里面的东西，甚至会把东西扔掉。

用手指方向

半岁之后的宝宝，已经学会用手指东西了，当宝宝想要某些东西的时候，往往会用手指指着那件东西。

打拍子

当宝宝听音乐的时候，往往会随着音乐的节奏打拍子。

通过长期的观察和统计，不难发现，宝宝的小手往往比嘴先"说话"。俗话说"心灵手巧"，手指的动作在一定程度上反映了宝宝的内心变化，而且宝宝手指的灵活度，在很大的程度上，促进了宝宝的智力的发展。

2. 了解宝宝手部动作的发展规律，逐月训练

5 到 6 个月的宝宝

5 到 6 个月的宝宝，手和眼基本已经可以相互配合，而且能够随心所欲地抓取身边的东西。这个时候，妈妈应该有意识地训练宝宝将大拇指和其他四根手指头分开来捏东西。例如可以把一些奇形怪状的饼干撒在桌子上，让宝宝用手指一一捏起来。

7 到 8 个月的宝宝

以前的宝宝只能用两只手捧住东西，但是，7 到 8 个月的宝宝却可以一手拿一样，同时，宝宝还学会了扯纸、玩球、鼓掌等动作。

9 到 10 个月的宝宝

9 到 10 个月的宝宝，已经学会了用拇指和食指捏取物品，尤其擅长将小颗粒放进瓶子，然后倒出来，再次放进去。这个时候，妈妈必须认真看护，防止宝宝把小颗粒的东西塞进鼻子或者耳朵。

11 到 12 个月的宝宝

11 到 12 个月的宝宝，双手十分灵活，两手可以相互配合，完成一项工作。例如一手拿小罐子，一手把糖豆装进去，还会用粉笔到处乱画，并且能够成功地搭建积木。

经过一年的训练，宝宝不但拥有了一双灵活的手，同时也极大

地发展了感知能力和思维能力，有效促进了宝宝身心的发展。

四、宝宝遇到陌生人，用身体向妈妈表达不安

宝宝在半岁左右的时候，大多不喜欢接近陌生人，当陌生人靠近宝宝，企图拥抱宝宝，或者抚摸宝宝的时候，宝宝会表现出特别害怕的表情，这就是俗称的"认生"。如果宝宝被妈妈抱在怀里，表现得会更加明显。在遇见陌生人的时候，宝宝往往会将脸扭向妈妈，小手也会紧紧抓住妈妈的头发或者衣服，个别宝宝还会出现身体僵硬的状况。根据调查统计：宝宝越依恋妈妈，也就越"认生"。那么妈妈应该如何应对宝宝的"认生"呢？

1. 从心理学角度看宝宝的"认生"

惧怕陌生的人或者事物，是人以及动物的本能，这是生物出于自我保护的心理，对于潜在危险的规避。

也可能是因为宝宝见到的陌生人太少，自然会对陌生的面孔产生恐惧，等宝宝见的陌生人多了，自然也就不怕了。

无论宝宝"认生"的原因是什么，爸爸妈妈都应该认真引导宝

宝，让宝宝形成健全的人格以及良好的性格。

2. 怎样让宝宝不"认生"

当宝宝对陌生人感到恐惧的时候，妈妈应该带头做榜样。例如见到陌生的阿姨，宝宝会感觉恐惧，妈妈可以一边拍打宝宝，一边跟阿姨融洽地交谈，这就可以让宝宝明白，其实这个阿姨很亲切、一点也不可怕，宝宝的恐惧自然就消除了。消除对陌生人的恐惧，不但可以培养宝宝的人际交往能力，还可以塑造宝宝良好、随和的性格。

第三节　一岁到一岁半的宝宝，对感知交流的需求不同

一岁到一岁半的宝宝，已经学会跟外界交流了，这时候的宝宝，虽然不能用语言跟妈妈交流，但是可以通过身体跟妈妈交流。宝宝到底是怎样通过身体跟妈妈交流的呢？面对宝宝对于妈妈身体的依赖，妈妈应该怎样做呢？

一、身体交流是宝宝最好的"社交途径"

一岁到一岁半的宝宝，已经具备了交流的意识，而且往往会主动跟外界进行交流，当宝宝发现，他的微笑、哭泣都能得到回应的时候，会特别高兴。因为在宝宝眼中，最初的"社交"已经获得了成功。

当宝宝冲着妈妈哭泣或者微笑的时候，妈妈应该及时回应。妈妈的及时回应，可以给予宝宝最初的自信。如果宝宝的哭泣和微笑，都不能得到外界的回应，宝宝就会感到自己特别的渺小、无能，甚至会产生一种深深的挫败感，无法建立人生最初的自信。

妈妈跟宝宝的交流，对于宝宝来说，有着深远的意义。宝宝在跟妈妈说话的时候，同时也在认真观察妈妈的表情，认真体会妈妈的语音语调当中所透露出的情绪。所以，妈妈应该用慈祥的表情、温柔的声音跟宝宝说话，以此建立亲密而牢固的亲子关系。

妈妈应该尽量用温柔的语调、慈祥的表情跟宝宝交流。在照料宝宝的时候，动作要尽量的温柔。这样，可以帮助宝宝建立对于这个世界的安全感，更能让宝宝对妈妈产生最基本的信任感。妈妈应该尽量亲自照顾宝宝，虽然月嫂和祖父母可以代替妈妈照顾宝宝，但是妈妈的角色是任何人都不能代替的。

贴心提示：

促进亲子交流的四款互动小游戏。

（1）拍拍小屁股，揉揉小肚子

在给宝宝换尿布的时候，可以一边拍拍小屁股，一边在小肚子上画圈圈。

（2）利用宝宝吃奶的时机跟宝宝交流

喂奶的时候是妈妈跟宝宝交流的最重要的时机，妈妈应该充分利用这个时机，跟宝宝交流。以下几种方式，可供新妈妈参考：

①在给宝宝喂奶的时候，妈妈可以用眼睛注视着宝宝的眼睛，跟宝宝进行眼神的交换，同时，可以给宝宝哼一首优美动听的歌曲，或者用温柔的语调跟宝宝说说话。

②喂奶的时候，一边说话，一边转脸，同时要注意观察，宝宝的眼睛是不是随着妈妈的脸转动。

③一边喂奶，一边轻轻握住宝宝的小手，同时轻轻摩挲宝宝的手心。

（3）妈妈来了，妈妈在这里

宝宝睡醒之后，往往会哭着找妈妈，这时妈妈不要立刻过去抱宝宝，而是应该走到宝宝的床前，轻轻呼唤宝宝的名字，同时观察宝宝的反应，看看宝宝能否随着妈妈的移动而移动眼神或者转动脖子。

妈妈还可以边呼唤宝宝的名字，边轻轻地把宝宝的头拨向妈妈，不但可以让宝宝看见妈妈，还能锻炼宝宝颈部的肌肉。

（4）宝宝真香

在给宝宝洗完舒服的热水澡之后，给宝宝来个全身的按摩。

可以把宝宝抱在怀里，或者放在床上，一边说话，一边用双手轻轻摩擦宝宝的身体，尤其是宝宝的后背和小肚子。在摩擦宝宝身体的时候，动作一定要轻柔缓慢。

摩擦完宝宝的全身之后，给宝宝穿好衣服，同时播放一段轻柔的音乐，抱着宝宝随着音乐左右摇摆，也可以让宝宝坐在妈妈的腿上，根据音乐的节拍，前后摇晃宝宝的身体。

二、宝宝通过身体交流，从被动接受刺激变为主动探索世界

当宝宝半岁之后，他就会发现自己是自己，别人是别人，于是，宝宝就开始探索自己身体的秘密。了解自己身体的器官、构造，这是宝宝的成长中必不可少的一课。对于宝宝的探索，妈妈应该怎样做呢？

宝宝在半岁之后，妈妈每天可以抽出一段时间来跟宝宝做一些游戏，利用这些游戏教导宝宝指认身体的各个部位。这不仅仅可以让宝宝认识自己，更能增进亲子之间的感情。以下几种游戏可以供爸爸妈妈们参考。

1. 照镜子，识五官

妈妈可以抱着宝宝，坐在一面大镜子前面，先用手指着自己的鼻子说："鼻子"，然后握住宝宝的小手，指着宝宝的鼻子说："鼻子"。每天可以重复这种游戏2到3次。反复多次，当妈妈说"鼻子"的时候，宝宝就会用小手指指向自己的鼻子。当宝宝正确地指出相应的部位的时候，妈妈一定要在第一时间夸奖宝宝，给宝宝鼓励。

宝宝在半岁之后，虽然还不会说话，但是，爸爸妈妈还是要

向宝宝反复强调身体各个部位的名称。爸爸妈妈可以一边用手轻轻指点宝宝的各个器官，一边轻轻对宝宝说："这是眼睛，这是鼻子，这是耳朵，这是眉毛。"反复几次之后，妈妈可以将宝宝身体的各个部位与其他人的进行比较，例如，妈妈可以指着宝宝的鼻子说："这是宝宝的鼻子"，然后用手指着自己的鼻子说："这是妈妈的鼻子"，再用手指指着爸爸的鼻子说："这是爸爸的鼻子"。然后再轻声细语地告诉宝宝，每个人都有一个鼻子，虽然鼻子的大小、形状都不一样，但是都是鼻子。

进行这个游戏的时候，妈妈一定要注意，不要让自己的长指甲划伤宝宝的脸或者其他部位的皮肤。

2. 宝宝在澡盆里认识四肢和身体

半岁之后的宝宝，由原来的怕水、怕洗澡，变成了喜欢洗澡，更喜欢在洗澡的时候玩水。而且这时候的宝宝，已经可以稳稳当当地坐在澡盆里面了。宝宝这个时候，特别喜欢观察自己的身体，例如：盯着自己的小手，一边摇晃，一边看；或者把小脚丫伸出水面，盯着自己的小脚丫看。这时候，爸爸妈妈可以利用洗澡的时机，抚摸宝宝身体的各个部位，同时告诉他各个部位的名称。

3. 身体藏猫猫

妈妈可以用手捂住自己的耳朵，说："耳朵不见了"，然后再松开手，对宝宝说："耳朵回来了"重复3到4次，然后握住宝宝的小手，让他用小手指着自己的耳朵，告诉宝宝："这是宝宝的耳朵"，还可以把脚伸进棉拖鞋，对宝宝说："妈妈的脚躲起来了"，然后再把脚伸出来，对宝宝说："妈妈的脚又回来了。"再引导宝宝用手指出自己的小脚丫，让宝宝辨认自己的小脚丫。妈妈还可以用毛巾盖住身体的各个部位，让宝宝找出来。这种活动每天可以进行 2 到 3 次，每次不要超过 20 分钟，以免让宝宝因疲倦而厌学。

宝宝对于自己身体的好奇，以及探索都是渐进的、有阶段性的，只有平稳、顺利的经历这个阶段，才能继续向前发展。爸爸妈妈在引导宝宝探索自己身体秘密的时候，首先应该注意安全和卫生。正确的引导，可以避免宝宝浪费不必要的时间，把更多时间用来学习其他的技能。

三、鼓励宝宝表达自己的情绪

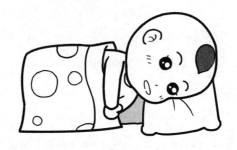

对于宝宝来说，情绪只是自己对于外界的一种反应，不存在好坏的区别，所以，爸爸妈妈绝对不能凭借自己的经验，对宝宝的情绪加以评判，更不能因为自己的好恶，制止宝宝表现和发泄自己的情绪，妈妈应该学会接受宝宝的情绪。

1. 妈妈应该平静接受宝宝的情绪

当宝宝出现生气、伤心等不好的情绪的时候，爸爸妈妈首先应该平静地接受宝宝当前的状态和情绪，然后再针对宝宝生气或者伤心的原因，对宝宝进行开导，或者劝诫。

例如，宝宝在发怒的时候，往往会大喊大叫，甚至乱摔东西。这时候，妈妈绝对不可以不管不顾地批评宝宝，甚至责骂宝宝。当宝宝因为生气或者伤心而又哭又闹的时候，妈妈绝对不可以对宝宝说："哭什么哭！值得哭吗？闭嘴！"这样的口气往往会吓到宝宝，甚至会造成宝宝的呕吐。如果宝宝长期"享受"这样的待遇，当宝宝再次遇到伤心或者生气的事情的时候，往往就不敢表现出来，时间久了，宝宝很有可能会发展成为抑郁症或者自闭症。

2. 妈妈不能对宝宝的情绪不予理睬

虽然宝宝的情绪无所谓好坏，但是，这并不意味着，妈妈可以对宝宝的情绪以及异常的表现不理不睬。如果任由宝宝的情绪自生自灭，不但不利于宝宝情绪的疏导，还会对宝宝将来的性格产生恶劣的影响。那么，妈妈应该怎样应对宝宝的情绪呢？

每次宝宝发火的时候，妈妈绝对不能跟宝宝一起发火。爸爸妈妈应该保持平静，轻声安慰宝宝，先让宝宝停止发火，等宝宝平静下来之后，爸爸妈妈可以用轻柔的语言跟宝宝说话，了解宝宝生气的原因，最后告诉宝宝，应该如何解决问题，当问题解决之后，宝宝的情绪自然可以愉快平静了。

贴心提示：

应对宝宝情绪，妈妈禁用的语言：

不许哭！

干什么大喊大叫！

哭什么哭！

闹腾什么！

你发什么火，你有什么资格发火！

再捣乱，就把你扔掉！

再哭，我就打你！

四、妈妈情绪糟，宝宝早知道

很多妈妈，总是认为宝宝没有感情，更不会受到别人情绪的影响。其实，这种观点是完全错误的。宝宝的情绪、性格直接受到妈妈情绪的影响。妈妈情绪不好的时候，往往宝宝也会容易出现问题。这是因为妈妈的情绪变化，直接影响到妈妈照顾宝宝的方式，宝宝自然也会根据妈妈的情绪调整自己的状态，相应地表现出一系列的情绪，以及行为。

1. 妈妈的表现是宝宝情绪状态的晴雨表

当妈妈心情好的时候，往往会对宝宝更加宽容、有耐心。在跟宝宝说话、聊天的时候，会表现出自信、满足、兴奋的情绪，即使宝宝出现了一点问题，妈妈也能及时调整自己的状态，认真观察宝宝，了解宝宝的需要和愿望。这时候的妈妈，也更愿意给宝宝更多的自由和空间，去探索世界，以及探索自己的秘密。受到妈妈的影响，宝宝也会变得不那么磨人，特别容易快乐以及满足，而且对周围的事物更有兴趣，看上去也更加乖巧、可爱，出现的问题也会大大减少，甚至不会出现问题。

当妈妈情绪消极、低落的时候，往往会特别的焦躁、烦恼。在跟宝宝交流的时候，必然也会心浮气躁，而且常常表现出不耐烦的情绪，对于宝宝出现的问题，妈妈根本不会细心观察，而且常常会忽视宝宝的要求，连宝宝的合理愿望都不满足，即使满足了宝宝的愿望，也是一种应付的状态。一旦宝宝出现一点问题，就会出现十分的不耐烦，甚至对宝宝大发脾气。面对黑口黑面的妈妈，宝宝自然也不会开心，甚至会有意跟妈妈对抗。

2. 宝宝能够准确而迅速地感受到妈妈情绪的变化

妈妈常常认为宝宝什么都不懂，所以在陪伴宝宝的时候，往往就会"三心二意"，常常一边跟宝宝玩，一边思考其他的事情。虽然宝宝年龄很小，但是已经能够感知到妈妈的情绪和感情，并且宝宝可以用自己的方式给予妈妈回应。每当宝宝乱扔东西、哼哼唧唧、难以入睡的时候，妈妈往往只会检查宝宝的身体，可是检查过后，却没有发现任何问题。这个时候，妈妈就应该考虑，宝宝的异常是不是妈妈的恶劣情绪造成的呢？

其实，爸爸妈妈根本就不能想象宝宝有多强大的观察能力和理解能力。虽然宝宝不能说出自己的感情和愿望，但是，宝宝可以通过观察来判断哪些人真心喜欢他，哪些人只是表面上敷衍他，对于真心喜欢自己的人，宝宝会积极地回应，对于只是在表面上敷衍自己的人，宝宝自然不会热情地回应。

3. 妈妈的积极情绪会让宝宝更乖巧

当妈妈情绪积极的时候，宝宝受到妈妈的感染，会更加乖巧、懂事，而且对周围的环境，以及陌生的人或者事物，都会表现得特别的勇敢、积极，对一切事物，都有探索的兴趣和勇气。

4. 妈妈的消极情绪让宝宝的问题更多

当妈妈情绪消极的时候，宝宝往往也会给妈妈制造更多的问题，例如，乱扔东西、又哭又闹、乱啃乱咬等。其实，宝宝是想用这些方式引起妈妈的注意，来反抗妈妈对自己的冷漠。

贴心提示：

应该如何防止宝宝受妈妈消极情绪的伤害？

当妈妈情绪不好的时候，不要勉强自己照顾宝宝，可以请奶奶或者爸爸代劳，自己找个地方调节一下，等自己平静了，再去照料宝宝。

如果宝宝受到妈妈的不良情绪的影响而又哭又闹，妈妈们绝对不能呵斥宝宝，更不能惩罚宝宝，否则会给宝宝造成一种误导：虽然因为捣乱受到了惩罚，但是至少得到了妈妈的注意。长此以往，很有可能会造成恶性循环。

作为一个合格的妈妈，平时应该注意观察宝宝的行为和习惯，并且应该常常反思自己的情绪和表现，根据宝宝的行为和表现，调整自己的状态。

五、宝宝能够辨识妈妈的味道

宝宝跟妈妈有一种神奇的感应，很多科学家做过实验：将沾有

妈妈奶水的纱布和沾有牛奶的纱布放在宝宝面前，宝宝会毫不犹豫地选择沾有妈妈奶水的纱布。而且即使蒙上宝宝的眼睛，宝宝也能凭着鼻子将妈妈分辨出来。

1. 宝宝的嗅觉和味觉非常敏感

很多爸爸妈妈认为，宝宝不会分辨气味以及味道，所以大多数的婴儿食品，虽然营养丰富，但却没有什么味道。其实宝宝没有味觉的说法是非常错误的。宝宝在出生之后，就具备了十分敏感的味觉。根据观察统计，宝宝特别喜欢甜味，而对咸味、酸味、苦味根本不感兴趣，而且越甜的东西，越能让宝宝开心。这就充分说明，新生的宝宝不但能够分辨不同的味道，而且还有自己的喜好。

宝宝的鼻子虽然不如舌头那样敏锐，但是宝宝对于气味的反应也很灵敏。当宝宝闻到一些莫名其妙的气味之后，往往会把头转向气味飘来的方向，同时小鼻子还会呼扇呼扇的乱动。如果仔细观察，还会发现宝宝神情紧张，皮肤发红，心跳比以前加快，呼吸也比以前紧张。而且气味越浓烈，宝宝的反应也越强烈。

2. 宝宝能够闻到自己的妈妈的气味

宝宝不但可以对异常的气味做出反应，而且对妈妈身上的气味也特别敏感。宝宝出生之后，护士还没有把宝宝放到妈妈的手里，宝宝就会凭借自己的嗅觉，将头转向妈妈的方向。

爸爸妈妈不难发现，当妈妈给宝宝喂奶的时候，宝宝刚刚闻到奶水的气味，就会噘着嘴巴寻找奶头。所以，妈妈可以利用宝宝这个特点，引导、锻炼宝宝自己吃奶的能力。

虽然妈妈身体上的味道对宝宝有特殊的吸引力，但是这种味道只是天然的味道，而不是妈妈身上化妆品的味道。所以，妈妈不要在身上涂抹太多的香水或者其他化妆品，否则不但会影响宝宝的胃口，还会给宝宝带来严重的不安全感。

3. 妈妈也能分辨出宝宝的气味

宝宝跟妈妈的感应是双方面的，不但宝宝可以根据气味分辨妈妈，妈妈也可以敏感地感受到自己的宝宝的气味。即使把妈妈的眼睛蒙上，妈妈也可以在众多的孩子当中，凭借气味分辨出自己的宝宝。

从以上内容可以得知，气味和嗅觉，对于妈妈和宝宝的交流，有着重要的作用，所以，聪明的妈妈，可以利用这个特点，更好地跟宝宝进行交流。

六、不要让宝宝对妈妈的身体过分依赖

宝宝对于妈妈具有天生的依恋，这种依恋，可以给宝宝带来很大的安全感和信任感，有利于帮助宝宝建立健全的人格。但是，如果宝宝对于妈妈过度的依恋，反而不利于宝宝的成长。

尤其对于男性宝宝来说，如果不控制宝宝对于妈妈的过度依恋，必然会减少宝宝跟爸爸、爷爷的接触机会，这样，不但会让妈妈很累，而且不利于宝宝性别意识的建立，甚至会影响宝宝成年之后的性取向。

如何改变宝宝对妈妈的过度依恋状态

想要改变宝宝对于妈妈的过度依恋，就要狠下心来。可以在一段时期之内，减少母子相处的时间，让爸爸或者其他男性家庭成员多多照顾宝宝，尤其可以让宝宝多跟爸爸玩一些游戏。只要让宝宝开心了，宝宝自然也就不会因为妈妈不在而哭闹。

另外，妈妈也可以多带宝宝到大自然中去，最好多让宝宝和同龄的小伙伴玩耍，也可以分散宝宝对于妈妈的依恋。

值得注意的是，妈妈不要一下子就不跟宝宝接触了，应该逐渐减少跟宝宝相处的时间，给宝宝一段适应的时间。

宝宝过度依赖的 5 大表现

害羞

很多宝宝，往往好静不好动，别人问什么也不说，也不会主动跟人打招呼问好，更不会对人表示亲密和感谢。

儿童心理分析：

宝宝的害羞，大多是由于错误的教育方式造成的。有些父母望子成龙的愿望过于强烈，常常对宝宝高标准、严要求，很少陪伴宝宝，而且很少夸奖宝宝。有的时候，为了避免宝宝出门游玩发生危险，家人还往往将外界描述得特别可怕，自然也就造成宝宝害羞、怕生的性格。

对于害羞、怕生的宝宝，家长应该认真观察宝宝平时的行为，多多夸奖宝宝，并且要用正确的方法引导宝宝，时间长了，宝宝就会变得开朗活泼起来。

缠人

很多儿童，尤其是独生子女，很容易形成"磨人精"的性格。例如：闹着要吃东西，给他东西，一口不吃；妈妈要织毛衣，他却把毛线球踢着玩；爸爸要写东西，他却夺爸爸手中的钢笔玩。

儿童心理分析：

宝宝缠人的根本目的就是要引起爸爸妈妈的关注。所以，对于"磨人精"宝宝，爸爸妈妈要给予足够的关注，并且给予正确的引导，对于宝宝的种种无理取闹的行为，应该及时给予制止和惩罚。

恐惧

很多宝宝往往会莫名其妙的恐惧。例如，有的宝宝怕黑，有的宝宝怕巨大的声响，正是因为这些莫名其妙的恐惧，造成了宝宝对于妈妈的过度依恋。

儿童心理分析：

对于宝宝的恐惧，家长应该在理解的基础上加以疏导，应该告诉宝宝，很多事情没什么可怕的，并且跟宝宝一起面对他认为可怕的事情。时间久了，宝宝自然也就不怕了。

不合群

有些爸爸妈妈生怕宝宝在外面发生危险，一天到晚把宝宝关在家里，造成了宝宝不合群的性格，而不合群的性格又加重了宝宝对于妈妈的依恋。

儿童心理分析：

对于这些宝宝，妈妈应该在保证宝宝安全的前提下，鼓励宝宝多和同龄人交往，而且要鼓励宝宝做自己力所能及的事情，培养宝宝独立生活、独立处理事务的能力。时间久了，宝宝不合群的性格就会有所转变。

重复

爸爸妈妈还会发现，宝宝会一遍又一遍地看动画片，一遍又一遍地听同一个故事，对新的东西却一点也不感兴趣。

儿童心理分析：

宝宝的年纪小，头脑容量有限，往往不能记住很多东西，而在重复中宝宝可以验证自己的记忆，有一种成就感。因此宝宝只喜欢自己熟悉的事物，对于陌生的事物有天生的抵抗感。

第四节　一岁半到两岁的宝宝，最会用感知交流

一岁半之后的宝宝，对于这个世界来说，还是一个"新人"，但是宝宝已经具有了丰富的感知能力和交流的经验。这时候，恰好是宝宝学习语言的黄金时期。在这个语言发展的关键期，妈妈应该怎样跟宝宝沟通呢？

一、不要小看宝宝的社交能力

跟人交往，是人类最基本的需要之一。社交能力，也是人类生存的必备能力。所以，妈妈应该从小就有意识地培养宝宝的社交能力。

1. 3 岁前的 3 个交往阶段

第一阶段（0 到 6 个月）：在这个阶段，宝宝只会对外界的刺

激做出相应的反应，这时候的交往是被动的，完全出于本能的。

第二阶段（7 到 24 个月）：半年之后，宝宝就可以区分亲人以及陌生人了，而且宝宝对亲人特别亲热；对陌生人特别冷淡，甚至恐惧。

第三阶段（24 到 36 个月）：这时候的宝宝已经能够自由活动了，同时也有了自己的欲望和独立的意识，宝宝的性格也在这个时候开始形成。这个时期的宝宝，往往喜欢用肢体语言来交流，而不喜欢用语言来表达自己的愿望和主张。

2. 3 岁不一定看老

俗话说"3 岁看老"，所以很多爷爷奶奶会认为，3 岁的时候，交往能力好的儿童，在将来长大之后，也会有良好的人际关系。

其实这种说法是特别错误的，3 岁儿童的任何能力都不能代表长大后孩子的状况，很多幼年腼腆的孩子，在成年之后，在人际交往上没有任何困难。

那么，是不是就说明 3 岁前宝宝的社交能力不重要了呢？当然不是，如果 3 岁之前的宝宝有着良好的交际能力，那么宝宝无论是适应新环境，还是面对陌生人，都不会遇到太大的困难，而且也不会有太严重的心理问题，这样的宝宝，当然会更讨人喜欢。

3. 不要错误地干预宝宝

爸爸妈妈在处理宝宝社交问题的时候，往往会犯两种错误：或者一味让宝宝退让，或者一味地袒护宝宝。

在宝宝和其他孩子争斗的时候，一味地让宝宝退让，总是单方面地批评宝宝，特别容易让宝宝误会，他会认为爸爸妈妈不爱自己，不跟自己站在一边。这样，不但宝宝的正当权利受到侵害，自尊心也受到了严重的打击。

而一味地袒护宝宝，往往会让宝宝的自我意识膨胀，认为自己什么都是对的，时间久了，往往就会形成什么都不怕、什么都不在乎的"小霸王"脾气。

贴心提示：

有意识培养宝宝的交往能力

（1）鼓励宝宝跟同龄人交往。爸爸妈妈应该鼓励宝宝跟同龄人交往，只有在跟同龄人的交往中，宝宝才能找到自己的位置和价值。

（2）让宝宝学会分享。无论是糖果，还是玩具，都要鼓励宝宝跟其他小朋友分享，这样，有利于培养宝宝不自私、乐于助人的性格。

（3）让宝宝学会主动跟人交往。妈妈应该主动引导宝宝，并且鼓励宝宝主动跟其他的同龄人交往，锻炼宝宝与人沟通的能力。

（4）不要过于约束宝宝。在宝宝与人交往、探索世界的时候，爸爸妈妈不要对宝宝过分地约束，只要能够保证宝宝的安全，就由着宝宝高兴地玩吧。

二、环境很重要，语言要统一

在宝宝学习语言的关键时期，正确的教育方式固然重要，但是，

语言环境的统一也很重要。

语境不统一，宝宝很困惑

有些宝宝在一岁半之后，已经可以跟人无障碍地交流了，而有的宝宝却连爸爸妈妈都不会说。如果宝宝的智力正常，而且没有其他疾病，爸爸妈妈就要反思一下家里的语言环境了。

很多时候，宝宝会面临这样的问题：家里爷爷奶奶说上海话，姥姥姥爷说北京话，爸爸妈妈说普通话，身边的小阿姨说浙江话，甚至还有的爸爸妈妈，在宝宝连中文都不会的时候，就开始教宝宝说英文了。一个"爸爸"，中文、英文带方言，有十几种说法，宝宝不迷糊、困惑才怪。而让宝宝迷糊、困惑的结果，就是一个词也不会说。

贴心提示：

和宝宝交流的几个方法

（1）尽量地多跟宝宝说话、交流

爸爸妈妈每天都要尽量多和宝宝说话，即使只是爸爸妈妈说，宝宝听，也要尽量多说。只要宝宝不疲劳，就可以尽量多地跟宝宝说话。

（2）及时对宝宝的成功进行鼓励和赞扬

当宝宝成功地模仿爸爸妈妈说话，或者跟爸爸妈妈成功交流之后，爸爸妈妈应该及时鼓励、赞扬宝宝。

（3）对宝宝的要求要延迟满足

如果宝宝指着桌子上的苹果，妈妈不要立刻给他，而应该引导宝宝说出"苹果"这个词，让宝宝意识到语言对于人际交往的重要性。

（4）扩大宝宝的社交圈

想办法扩大宝宝的社交范围，在保证宝宝不受伤害和惊吓的前提之下，尽量多带宝宝到人群中去，在跟小朋友游戏、交往的过程中，宝宝想不开口都难。

三、多和宝宝说话，宝宝就会"说"更多的话

我们常常会发现这种现象：父母喜欢说话，宝宝也更喜欢说话；父母沉默寡言，宝宝也不爱说话。很多人认为这是遗传，其实不然。只有父母多和宝宝说话，宝宝才会有可能说更多的话。

1. 宝宝听不懂，但不代表他没有听

很多时候，我们所说的内容，宝宝并不能完全理解，那么，作为妈妈，还要不要和宝宝说话呢？

虽然宝宝不能理解爸爸妈妈的语言，但是宝宝仍然愿意听爸爸妈妈说话。如果爸爸妈妈认真观察宝宝，就会发现，当爸爸妈妈跟宝宝说话的时候，宝宝虽然不理解，但是仍然是一脸专注的神情，等爸爸妈妈说完之后，宝宝往往会兴奋地鼓掌，甚至会发出咯咯的笑声。

2. 做"多嘴"的爸妈

语言的学习，不是一朝一夕的事情，而是平时的一点一滴地积累起来的。所以爸爸妈妈要做"多嘴"父母，尽量多和宝宝说话，尽量让宝宝多多接受语言的熏陶，话题内容无所谓，只要多跟宝宝说就可以了。

3. 促进宝宝智力发展、和宝宝沟通，需要一个过程

每个父母都希望自己的宝宝是个神童，但是即使是神童，智力和语言能力的发展，也需要一个过程。爸爸妈妈不要期望今天和宝宝说一堆话，明天宝宝就能跟你顺畅交流了，而应该循序渐进，根据宝宝的性格和体力，一点点来。千万不能揠苗助长。

有的时候，宝宝常常会出现咬字不清的状况，这是因为宝宝的肌肉没有发育完全，这时爸爸妈妈不要强求宝宝发音准确。随着宝宝的身体发育，咬字不清现象自然就会消除。

贴心提示：

和宝宝沟通的小活动

例如，在给宝宝穿衣服的时候，可以告诉宝宝："因为现在外面很热，所以我们要穿短裤。"或者拿着雨伞对宝宝说："因为今天要下雨，所以我们要拿上雨伞。"

这样的交流，可以有效地扩大宝宝的词汇量，并且引导宝宝认识物品的名称和用途。

在穿衣时养成一种习惯，对选择衣着进行解释说明："我们今天要穿这件羊毛衫，因为天要冷下来了。""我们今天要穿这件漂亮的衬衫，因为我们要去参加一个'正式'的聚会。"

益处：扩大词汇量，有助于宝宝理解天气和穿衣的关系。

四、学会说宝宝的"话"，就能听懂宝宝的"话"

初生的宝宝，常常会叽里咕噜地说一大堆话，这些话，在外人眼中没有任何的意义，但对于宝宝交际能力的提高以及大脑的发育，却有着十分重要的意义。听懂宝宝的"叽里咕噜语"，不但能够理解宝宝的意图，更有助于建立良好的亲子关系。

有意识地模仿宝宝说话

当宝宝说完自己的"叽里咕噜语"之后，爸爸妈妈可以有意识地按照"叽里咕噜语"的节奏、音调模仿宝宝说话，说话的同时也要模仿宝宝的表情，同时还要认真揣摩体会宝宝的心理。无论结果如何，我们都可以发现，在宝宝听到爸爸妈妈模仿自己说话之后，会特别的愉快，从而会更加积极的学习语言。

模仿宝宝的"叽里咕噜语"，不但可以提升宝宝的语言交际能力，更有助于宝宝建立最初的自信，同时，还可以让亲子关系变得更加融洽。

贴心提示：

多观察宝宝，才能听懂宝宝的"话"

宝宝不会无缘无故就说出一大堆的"叽里咕噜语"，为了了解宝宝的"叽里咕噜语"的真实含义，爸爸妈妈应该认真观察宝宝，了解宝宝的真实目的和真实需要，同时也要引导宝宝，用正常的语言表达自己的愿望和要求。

五、如何做能够听懂宝宝"话"的好父母

由于宝宝的词汇量有限，所以宝宝的语言常常会有它独特的含义，那么，爸爸妈妈应该怎么办，才能听懂宝宝的"话"呢？

1. 妥善对待宝宝的错误

（1）宝宝的话听起来十分古怪

当宝宝说出一些古怪的话时，爸爸妈妈应该注意，对于这个时期的宝宝来说，说不说话，以及能说多少话才是主要的，而不是宝宝如何说。所以即使宝宝的发音不准，也不要刻意地纠正，不过爸爸妈妈一定要用准确的发音来引导宝宝说话。

（2）语法错误

任何人说话都会出现语法错误，爸爸妈妈应该时刻注意，你面对的是宝宝，而不是一个语言学家，只要宝宝可以表达自己的意图就行了，不用纠正宝宝的语法错误。

（3）一对一地交流

只有一对一地交流，才能让宝宝集中精力，迅速进入交流的状态，另外，一对一地交流，可以让宝宝感到自己被关注，从而更有信心和动力去学习语言。

2. 宝宝有哪些"话中话"

很多父母会发现这样的问题，在宝宝提出要求之后，虽然爸爸妈妈按照宝宝要求做了，但是宝宝还是又哭又闹，这是为什么呢？

原因很简单，宝宝的语言跟成人的语言有着很大的区别，作为合格的爸爸妈妈，我们不但应该想法听懂宝宝的"话中话"，更应该引导宝宝，用标准的语言进行交流。

以下几个例子可以说明宝宝"话中话"的特点：

实例一："门！"

宝宝说的"门"的含义很多，可能是要妈妈打开门或者关上门，也可能是说他喜欢门上的小饰品。

实例二："楼梯！"

宝宝说的"楼梯"不仅仅代表真实的楼梯，也可能说明他想出去玩，或者是想要一个楼梯形状的玩具。

实例三："药！"

宝宝说的"药！"可能是说他病了，要吃药，更大的可能是宝宝只是想拿着药瓶子玩。

实例三："苹果！"

当宝宝说"苹果"的时候，也许宝宝想吃苹果，也许宝宝是想拿着苹果滚着玩，如果宝宝想表达后一种意思，妈妈却给宝宝削了皮，而且已经切碎的苹果，宝宝不哭才怪呢。

3. 拓展宝宝的语言

面对宝宝的"话中话"，爸爸妈妈要做的不是千方百计地理解宝宝的语言，而是要理解宝宝的真实含义。但是，父母如果过于善解"宝"意，对于宝宝语言能力的提高，没有任何好处。当宝宝使用"话中话"跟爸爸妈妈交流的时候，爸爸妈妈可以试着用规范的语言将宝宝的意图表示出来，让宝宝明白，除了这种含含糊糊的办法，还有更多办法可以让他清晰地表达自己的意图。

贴心提示：

听懂宝宝的"话中话"

爸爸妈妈应该认真观察宝宝，通过宝宝的动作，以及宝宝的表情，来判断宝宝的真实意图，只有足够了解宝宝的爸爸妈妈，才能在宝宝的含糊语言当中，了解宝宝的真实意图。

第五节　新妈妈，你会抱宝宝吗

　　在宝宝成长的过程中，大部分的时间是被妈妈抱在怀里的，所以，能否正确地抱宝宝，对于宝宝的身心是否可以健康发展，有很大的决定作用。

　　培养积极的宝宝，与宝宝一起向前看

　　大多数宝宝在妈妈怀里的时候，脸往往会趴在妈妈的肩上，或者埋在妈妈的怀里，有的宝宝还紧紧地闭着眼睛。之所以会出现这种现象，是因为宝宝天生对外界有一种恐惧，所以不愿意接受新鲜的东西，也不愿意去看陌生的人或事物。

　　宝宝的脸总是向后，这就导致宝宝很可能看不见任何景物。即使看见，也只能看见两侧的、非常有限的事物，根本没有办法感受到完整的、美好的景色。这样，只能导致美好的景色离宝宝越来越远，从而让宝宝对周围的事物产生了陌生和恐惧，甚至会对妈妈怀抱之外的世界失去希望和信心。长期下去，长大之后的宝宝很可能会变成一个遇事没主见、只会向后看的人。

所以，让宝宝的脸朝向前进的方向，是最先进的抱宝宝的方式。当宝宝跟爸爸妈妈一起前进的时候，会激起宝宝天生的好奇心，以及对于外界的探索欲望，向前看，不但可以让宝宝看见更多的东西，接受更多的信息，同时，还可以让宝宝感觉到各种各样的事物离自己越来越近，从而为培养宝宝积极向上的人生态度奠定了深厚的基础。同时，还可以促进母子之间的感情交流，有助于建立融洽的亲子关系。

贴心提示：

抱宝宝的轻松方法

很多妈妈认为，抱宝宝是个体力活，那么，怎样才能让妈妈在抱宝宝的时候轻松一点呢？

妈妈不要将胳膊伸得长长的去抱宝宝，而应该让宝宝紧紧靠近妈妈的胸口，这样就能轻松很多了。

把宝宝从低处抱起来的时候，先将腿部弯曲，然后蹲下，整个过程当中要保持腰部挺直，应该充分利用自己的腿部力量把宝宝抱起来。整个过程中，妈妈一定要将腹部的肌肉收紧。这样，不但可以让妈妈轻松抱起宝宝，还能避免妈妈背部拉伤。

如果要把宝宝从床上或者摇篮当中抱起来，可以先将宝宝的床向妈妈的方向倾斜，轻轻地把宝宝拖过来，而不要把宝宝直接从床上抱起来。

在这里，要提醒所有的新妈妈，宝宝出生之后的 1 个月左右，妈妈就可以开始锻炼背部的肌肉；同时，也可以根据自己的情况，循序渐进的锻炼腹部肌肉。而且在分娩 1 个月之后，妈妈应该尽快恢复到正常的体重，这可不是单单为了妈妈外形的漂亮，更是为了避免肥胖造成妈妈腰部和背部肌肉的拉伤。

谨以此书献给我的孩子

祝宝贝健康快乐成长